基礎ミクロ・マクロ経済学
講義ノート

河合榮三 著

流通経済大学出版会

はしがき

　経済学を学ぶ目的は、現実の経済の理解や分析だけでなく、広く見識を養うための基礎を身につけることにあります。ここで見識とは、論理的でバランスの取れた考えと、問題に対する広い視野を指します。経済学はこうした見識を養うためのひとつの素養であり、皆さんが社会人として特にビジネスの世界で生きていく上で不可欠の素養です。こうした素養こそ、学生時代に最優先して学ばねばなりません。そうでなければ、社会に出てからは仕事や時間に追われ、学生時代に学んでおかねばならない基礎的素養まで学びなおす余裕は持ちにくくなるからです。

　本ノートは、経済学のコア科目であるミクロ経済学とマクロ経済学の双方にわたる体系的で最低限の基礎理論を解説したものです。初めて経済学を学ぶ皆さんが経済学に興味を持ち、その後より包括的で詳細な理論を学んでいくためのインセンティブ（誘因）を与えることを目的としています。この目的を達成するために特に筆者が力を入れたことは、①できる限りシンプルでクリアな説明をすること、そして②理論と現実とのつながりをできるだけ考慮に入れた味わい深いノートにするということの２点です。後者の点については、経済記事やニュースへの関心を高め、その理解を深めることを期待しています。

　本ノートの特徴である上記の２点は、特に以下の箇所に生かされています。たとえば、ミクロ理論では、完全競争市場における価格と取引量の変化の分析として、住宅建材市場における東日本大震災の影響や、LED（発光ダイオード）など次世代照明器具市場の動向などを取り上げています。また、完全競争市場における（需給）均衡が同時に財（商品）の最適量を実現するという市場の効率性については、独自の明快な説明をしています。

　一方、マクロ理論では、国民所得の決定と乗数理論の最後に出てくる景気対策としての財政政策について、量はわずかですが陳腐で非現実的な説明を排除し、現実的で今日的な視点に立った説明をしています。マクロ理論の最後に出てくる本ノートの最大の特徴は、以下に述べる８章と９章のそれぞれのコラムにあります。

　ミクロ理論では市場メカニズム（ないしは価格メカニズム）が成立しています。即ち、競争的市場経済では、すべての価格と賃金が十分に伸縮的である限り、すべての財（商品）市場と労働市場において需給が均衡し、同時にすべての財（商品）と労働の最適配分が実現されます。このメカニズムがミクロ経済だけでなくマクロ経済においても成り立つとする命題が、現代マクロ経済学の標準（常識）となっています。筆者はこの常識に以下の２つの点で疑義を唱えています。ひとつは、市場メカニズムはマクロ経済においては極めて不完全であり、特に不況の下では働かないということ、そしてもうひとつは、その結果としてケインズの言う失業（過少雇用）均衡が成り立つということです。この２点が８章のコラム「マクロ経済における価格メカニズムについて」と９章のコラム「非自発的失業の原因について」にそれぞれ説明されています。いずれも（理論的分析は一切省いて）実証的根拠にもとづいた検討とそ

れにもとづいた推測に限定して説明しています。

　以上が、先に述べた、シンプルでクリアであるだけでなく、味わい深いノートにするという本書の特徴ですが、これがどこまで達成されているかは、読者の皆さんのご判断に委ねねばなりません。ただ、筆者には（たとえ薄くても）通常のテキストとは明らかに一線を画しているという自負があります。

　このノートは流通経済大学経済学部経済学科における必修科目である基礎ミクロ経済学と基礎マクロ経済学のための講義ノートとして、2008年度から2年かけて執筆され、2010年度から3年かけた改訂を経て出版されたものです。その過程においてお世話になりました学内の同僚の先生方と一部学外の先生方そして流通経済大学出版会の皆様に、最後になりましたが謝辞を述べさせていただきます。

　まず、同僚の松崎慈恵先生には、基礎マクロのノートにおける消費関数の理論の一部と投資の期待収益や乗数理論、そして総需要・総供給曲線の導出とマクロ経済の短期均衡などについて執筆を担当していただきました。また、奥野正寛先生には、ゲーム理論の専門家として基礎ミクロのノートにおけるゲーム理論の改訂をお願いし、特にその中の繰り返しゲームにおける「トリガー戦略」の一部を参考にさせていただきました。

　他の同僚の朝倉啓一郎先生、居城琢先生、長瀬毅先生そして流通情報学部の山岸直基先生には、改訂のためのコメントや援助あるいは出版の際のアドバイスをいただきました。また、筆者の大学院時代における同じゼミの先輩であった千葉大学法経学部の天野昌功名誉教授には、専門が比較的近いこともあってノート改訂のための相談にのっていただき、特に現代マクロ経済学の常識に対する筆者の疑問についての貴重な御意見やアドバイスをいただきました。さらに、同じゼミの同期であった岡山大学経済学部の春名章二教授には、基礎ミクロのノートの一部を見ていただき、心強いご意見をいただきました。

　流通経済大学出版会の池澤昭夫部長と古川明子さんには出版のための準備でお世話になりました。特に部長には校正の過程で原稿をたんねんにお読みいただき、貴重なコメントやアドバイスをいただきました。

　このたび本ノートを無事に出版できるようになりましたことに対し、以上のすべての方々に重ねてお礼を申し上げます。

2012年12月20日

河 合 榮 三

基礎ミクロ経済学

講義ノート

目　次

第Ⅰ部　序　論

Ⅰ　はじめに
  (1) なぜ経済学を学ぶのか　(2) 仮定とモデル　(3) グラフとグラフのシフト

第Ⅱ部　需要・供給と市場

Ⅱ　需要曲線と需要の弾力性
  (1) 需要と需要曲線　(2) 需要曲線のシフト　(3) 需要の弾力性

Ⅲ　供給曲線と供給の弾力性
  (1) 供給と供給曲線　(2) 供給曲線のシフト　(3) 供給の弾力性

Ⅳ　市場均衡とその変化
  (1) 市場均衡　(2) 市場均衡の変化　(3) 弾力性の応用

Ⅴ　市場の効率性と市場の失敗
  (1) 市場の効率性　(2) 市場の失敗

第Ⅲ部　より新しい話題

Ⅵ　ゲームの理論
  (1) 囚人のジレンマ　(2) 繰返しゲーム

参考文献

参考文献は文章による説明と図解だけで十分に理解できるものを優先して3点だけあげておきます。
・N・グレゴリー・マンキュー（足立、石川、小川、地主、中馬、柳川　共訳）
  『マンキュー経済学Ⅰミクロ編（第3版）』東洋経済新報社　2013.
・伊藤元重『ミクロ経済学｜第2版』日本評論社　2003.
・井堀利宏『入門ミクロ経済学　第2版』新世社　2004.
  基礎ミクロ経済学のノートの全体としての構成は、最後のⅥ章を除いてマンキューのテキストを参考にしています。特に以下の3か所の内容は、筆者独自の工夫にもとづいています。それらはⅠ章(1)(3)、Ⅳ章(2)におけるすべての具体例、そしてⅤ章(1)の全部です。

第 I 部　序　論

I　はじめに

(1) なぜ経済学を学ぶのか

　学生の皆さんは、なぜ経済学を学ぶべきなのでしょうか。それには三つの理由があります。
第一の理由は、皆さんがそこに身を置いて暮らしている現実の経済を理解するのに、大変役立つということです。たとえば、
- ＊いろいろな商品の価格はどのようにして決まり、どのような要因によって変化するのでしょうか。
- ＊「価格が下がると需要が増える」が、他方で「需要が増えれば価格が上がる」とも言われます。両者の違いはどうなっているのでしょうか。
- ＊2008年9月以降の米国発金融危機とそれに伴う（先進国を中心にした）世界的大不況はどうして起きたのでしょうか、等々無数にあります。

第二の理由は、皆さんが自分の人生を生きていく上で、多くの経済的決定をしなければなりませんが、その際のよりどころとなる考え方を身につけるためです。たとえば、
- ＊皆さんはなぜ高卒で就職せず、大学に進学したのでしょうか。（後のケース・スタディを参照）
- ＊社会人になった後、資産選好をもつ人は自分の資金をどのような資産に投資すべきなのでしょうか。また、将来皆さんが起業するとき、その成功のためにいつも考えておかねばならない戦略とは何でしょうか。
- ＊選挙の際、各政党の唱える経済政策に対して、皆さんはその妥当性や現実性をどう判断して、支持すべきかどうかを決めるべきなのでしょうか、等々多数あります。

第三の理由は、上記の二つの理由とは別に、もっと広く見識を養うための基礎を身に着けることにあります。ここで見識とは、論理的でバランスのとれた考えと、問題に対する広い視野をさします。経済学はこうした見識を養うための一つの素養であり、皆さんが社会人として特にビジネスの世界で生きていく上で不可欠の素養です。こうした素養こそ、学生時代に最優先して学んでおかねばなりません。

ケース・スタディ：機会費用

　あるものの機会費用とはそれを得るために放棄しなければならないものをいいます。たとえば、大学に進学する費用について考えてみましょう。大学進学にかかる費用は、学費と生活費のような実際の金銭的費用の他に、もし高卒で働いていたら得られたであろう所得を自ら断念することによる費用も含みます。後者の費用は大学進学という意思決定のために放棄しなければならない所得であり、大学進学の機会費用と呼びます。このように経済学では、実際の金銭的出費を伴う明示的費用のほかに、

潜在的費用としての機会費用も含めて一般に費用と言います。皆さんが高卒で就職せず大学に進学したのは、大学に進学した場合の（予想）生涯所得から（機会費用も含めた）大学進学費用を差し引いた純収益が、高卒の場合の対応する純収益より大きいと判断したからであるということができます。これは、皆さんが大学への進学を決める際にそうした認識があったかどうかとは無関係です。

　経済学ではなぜ日常的意味での費用と異なり機会費用も含めて費用とみなすのでしょうか。それは、機会費用の存在が一般に個人や企業の意思決定に影響を及ぼすことがありえるからです。たとえば、先の学生の例で言えば、もしプロに行けば即戦力となるようなスポーツ選手の学生は、プロの選手になっておれば得られたであろう高額の所得が大学に在学中機会費用となります。彼がその費用の大きさを、それゆえ大学に進学した場合の純収益の少なさを強く認識するようになる場合には、彼は大学を中退してプロに転向してしまうかもしれません。

　ついでに言えば、現日本ハムの斎藤祐樹投手と楽天の田中将大投手が、2006年夏の甲子園で全国高校野球選手権大会の優勝を争いましたが、両者の高卒後の進路が違ったのはなぜでしょうか。斎藤投手は高卒後早大に進学して現在日本ハムに、田中投手は高卒後すぐに楽天に入りました。ともに野球選手として傑出した能力は同じでしたので、もしどちらも大学へ進学した場合の機会費用に大差はなかったはずです。それゆえ、両者の進路を分けたのは、価値観や人生観の違いからくる（金銭的および非金銭的な）予想生涯所得の違いにあったと考えられます。高卒時に受けたインタビューから、斎藤投手は野球以外にも人生に大きな価値を見出そうとしており、一方田中投手は野球一筋で、早くプロに入りプロとしてできるだけ大成することに人生最大の価値をおいているように見えました。この違いが、斎藤投手は大学進学の場合の、そして田中投手はプロに行く場合の、それぞれの予想生涯所得をより大きくしたのだと考えられます。

　皆さんが学ぶのは、このような経済学の基礎理論にあたります。経済学の基礎理論には伝統的にミクロ経済学とマクロ経済学がありますが、「基礎ミクロ経済学」ではミクロ理論の基礎を、「基礎マクロ経済学」ではマクロ理論の基礎を学びます。このノートで基礎を学んだ後より包括的で詳細な理論を学ぶために、ミクロとマクロの各理論で取り上げた文献を参照してください。

(2)　仮定とモデル

★仮定の役割
　現実の経済は非常に複雑であり、どんな問題や現象を分析するにしても複雑な現実をそのまま対象にしては手に負えない。そこで、分析目的に応じて仮定を設けることによって、分析を大いに簡単化できる。どんな仮定を設けるかは分析目的に依存する。

　たとえば、どんな商品やサービスであれその需要量を分析するのに、通常は価格の影響を考える。任意の価格水準に対する需要量、言い換えれば価格と需要量の間の関係を図に表したものを需要曲線と呼ぶ。ところが、需要量に影響を与える要因は価格だけでなく、それ以外にも消費者の所得やその商品に対する消費者の好み、そして価格や所得に関する将来の期待などいくつもあるので、それらをすべて不変と仮定すれば、需要曲線の分析は大いに単純化される。

しかし、上記の価格以外の要因も実際には変化するので、たとえ価格は同じ水準でも需要量は変化することになり、もはや価格以外の要因はすべて不変という仮定は通用しない。この場合の問題は需要曲線そのものではなく、次節で詳しく説明する需要曲線のシフトの問題である。このように、異なる問題には異なる仮定がおかれる。

★経済モデル

医学の教師はプラスティックの人体模型を使って解剖学の基礎を教える。なぜ人体模型が用いられるのかといえば、医学生にとって死体解剖を除けば実際の人体を観察する機会はなく、またそれを観察する前に模型を通じて人体の仕組みを客観的に学んでおくことが役に立つからである。

経済学も、複雑な経済について学ぶために模型（モデル）を使う。但し、**経済モデル**は、上述のような役割をもつ仮定にもとづいた図あるいは式からできている。医学・経済学その他のどの分野でも、すべてのモデルは現実を単純化することによって現実の本質をより深く理解するためのものである。

経済モデルの例（フロー循環図）

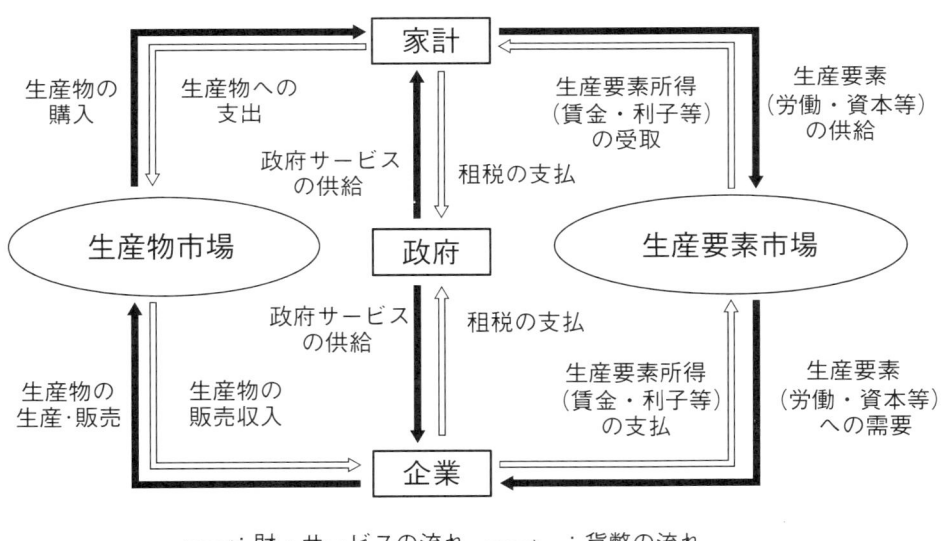

（注）上図において、企業の所有者は家計に属していることが想定されている。
　　　また、貨幣や株式・債券等を取引する金融市場は簡単化のために略されている。

★ミクロ経済学とマクロ経済学の違い

ミクロ経済学

買い手の需要と売り手の供給から始まり、それらが相互に作用する財サービス市場、生産要素市場、そして金融市場などの機能について分析。

マクロ経済学

産出量、物価水準、雇用量など経済全体に関わる経済変数を分析対象にし、それらの決定と相互依存の現象である失業、インフレーション（あるいはデフレーション）、経済成長など経済全体に関わる現象を研究。

(3) グラフとグラフのシフト

★座標

1次元 ———— 直線上の点の集合。

2次元 ———— 平面上の点の集合（経済学でよく用いる次元）。

3次元 ———— 立体空間。

4次元以上 ———— 具体的には認識できないだけで、理論的には認識可能な空間。

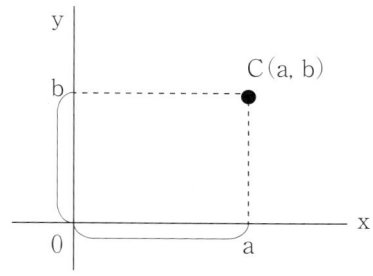

どの次元においても、原点を基準にしてその位置を示す点を座標という。

たとえば、2次元平面における左の点Cの位置は図のようにして表わし、(a, b)を点Cの座標という。

縦軸と横軸の交点を原点といい、それを座標で表わせば(0, 0)となる。

★縦軸、横軸と各象限

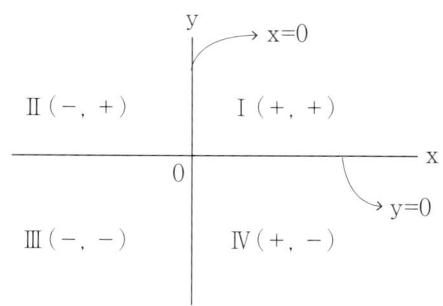

平面を縦軸と横軸によって4つの領域に分割できる。

横軸に測った変数xは、縦軸上では常に0で、それより右方では正の領域、それより左方では負の領域。

縦軸に測った変数yは、横軸上では常に0で、それより上方では正の領域、それより下方では負の領域。

それゆえ、各象限における変数の符号の組合せは図のようになる。

経済変数は通常非負なので、経済学では殆どの場合第Ⅰ象限が対象。

★関数とグラフ

　関数たとえば y＝f(x) は、変数 x と変数 y の 1 対 1 の対応 f を式で表したもの。変数 x を独立変数、変数 y を従属変数という。関数を図に表したものをグラフという。なお、x と y はそれぞれどちらの軸にとってもよいことに注意。

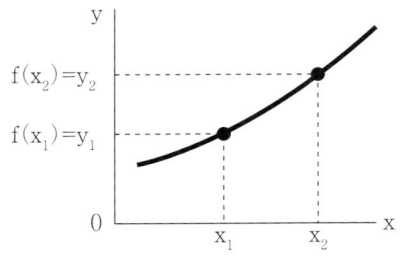
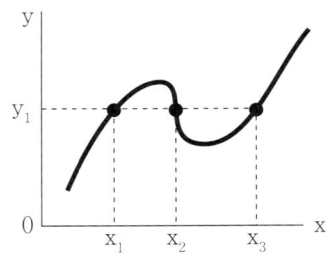

　右上のケースは当該範囲の任意の x とそれに対する y が 1 対 1 で対応しているので関数。

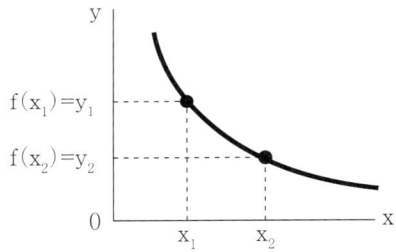
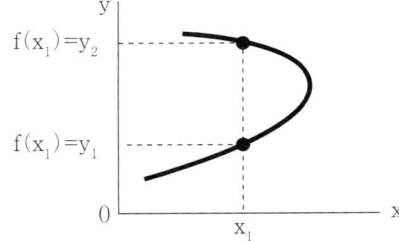

　右下のケースは x と y が 1 対 1 の対応になっていないので、関数ではない。

★グラフのシフト

　（2次元）平面のグラフでは、従属変数が依存する独立変数はひとつしかとれない。しかし、独立変数が 2 つ以上ある場合にはそのグラフを平面上でどう表わすのかについて、以下では需要曲線を具体例にしてその曲線のシフトとして説明しよう。

　ある商品への需要量Qはその価格PとP以外の要因に依存しているが、Pのみを独立変数として従属変数であるQとの関係をグラフにしたものが、右下がりの需要曲線である。このとき、P以外の独立変数（消費者の所得水準やその商品に対する消費者の好みの程度など）は任意の水準で一定と仮定されている。

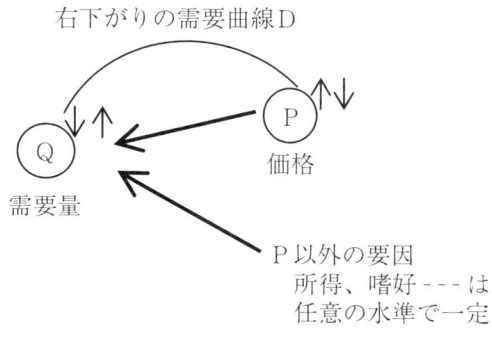

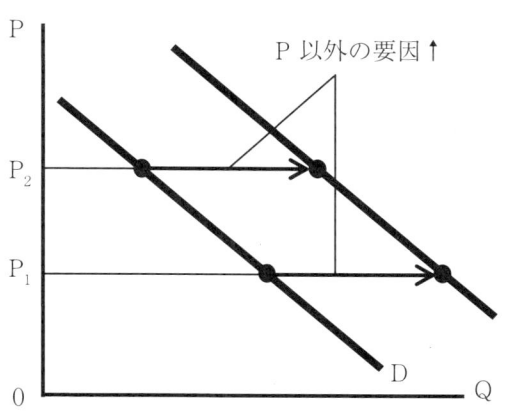

独立変数はP、従属変数はQであることに注意
（PとQそれぞれをどちらの軸にとってもよい）。

　上の右図のように、任意の価格に対する需要量は、価格以外の要因がたとえば増加するとき（より高い水準で一定であるとき）増加するので、需要曲線は全体として右方にシフトする（より右方に位置している）。たとえば、PがP_1の水準にあるとき、P以外の要因である消費者の所得あるいはその商品に対する好みの程度が高まれば（より高い水準で一定であれば）P_1に対する需要量は増加する。同じことは、PがP_2その他の水準にあるときも成り立つ。それゆえ、価格以外の要因が変化するとき（異なる水準で一定であるとき）、需要曲線は全体として右方あるいは左方にシフトする（より右方あるいは左方に位置している）。

　なお、経済変数がとる値そのものは、単位のとり方によってどのような値にもなりうるので、値そのものには意味がないことに注意。価格や需要量などの数量は一般にゼロ以上というだけで、それらが具体的にどんな値をとるかは問題にはならない。この点について具体的な数値例を挙げる（省略）。

第Ⅱ部　需要・供給と市場

市場とは、特定の財・サービスを取引する売り手と買い手の集まりのことをいう。
　財・サービスとは商品の意味で、財は目に見える商品を、サービスは目に見えない商品（第3次産業が生産するもの）を指し、単に財という場合が多い

この講義では、一貫して短期の完全競争市場を想定する。（長期の完全競争市場については「ミクロ経済学」で学ぶ）

　（短期の）**完全競争市場**を定義する2つの条件
　　① 売り手と買い手がどちらも多数存在。
　　② 取引されている商品がすべて同質。
　→売り手も買い手も単独では市場価格を支配できず、市場価格をそのまま受入れざるをえない（すべての売り手と買い手は価格受容者）。
　　　というのは、多数の売り手の誰もが自分だけより高い価格で売ろうとしても、同質な財をより安く売ろうとする多数のライバルの売り手がいるために、全く売ることができなくなるから。同様に、無数の買い手の誰もが自分だけより安い価格で買おうとしても、同質な財をより高く買おうとする無数のライバルの買い手がいるために、全く買うことができなくなるからである。
　例　農産物、食品、日用雑貨・身の回り品、各種サービスや株式・債券その他の金融市場など多数の市場。

完全競争市場は現実の経済の中で最も一般的な市場といっても過言ではない。

Ⅱ　需要曲線と需要の弾力性

(1) 需要と需要曲線

★各買い手の需要の決定要因
　○価格
　　一般に、価格以外の要因が一定であれば、財の価格が上昇すると、財への需要量は減少する。逆は逆。（需要法則）　この法則は各買い手の効用最大化行動から説明できるが、この講義では「経済常識」として仮定する。ここで効用とは、買い手が財サービスを消費することから得る満足のことを言う。
　○所得
　　所得が増加するとき、需要量が増加する財を正常財と言う（逆に、所得が増加するとき、需要量が減少する財を劣等財と言う。例　バスの利用）。この講義では正常財のみを対象にする。

○関連する財の価格

　ある財の価格低下が別の財への需要を減少させるとき、その2財は代替財。

　例　バターとマーガリン、映画鑑賞券とレンタル・ビデオなど。

　ある財の価格低下が別の財への需要を増加させるとき、その2財は補完財。

　例　自動車とガソリン、住宅と家具調度品。

○嗜好（好み）

　財に対する各買い手の好みの程度。

○期待（予想）

　価格や所得などに関する将来の期待ないしは予想。

★各買い手の需要曲線

　価格以外の要因を不変にして価格のみが変化する場合、ある財の価格と需要量の関係を表すグラフが各買い手の需要曲線。価格が下がると（通常）需要量が増えるので、各買い手の需要曲線は右下がりとなる。

買い手 i の需要曲線

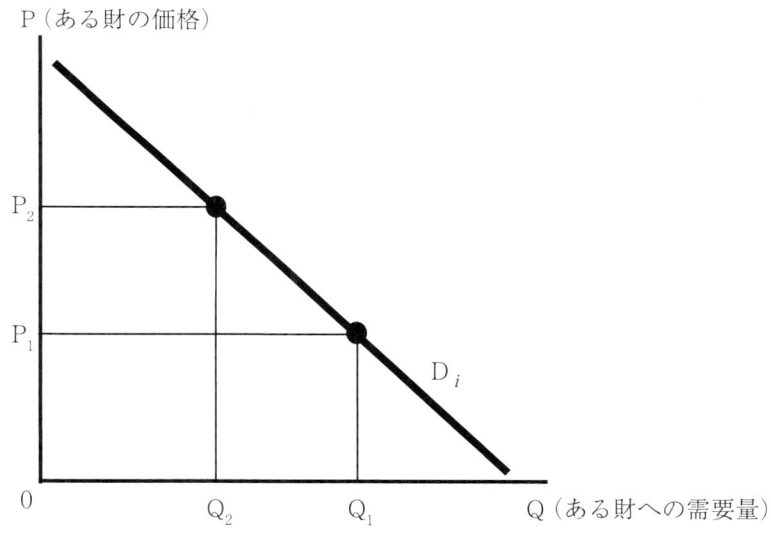

　需要曲線は、任意の価格に対する需要量が買い手の効用（満足）を最大化しているという意味で、その価格に対する最適需要量を表していることに注意。

★市場の需要と各買い手の需要

　市場の需要は各買い手の需要をすべて合計したもの。**市場需要曲線**はすべての買い手の需要曲線を水平方向に足し合わせることによって求めることができる。

買い手 i の需要曲線
買い手 j の需要曲線
P
P_1
D_i
0
Q_i
Q
P
P_1
D_j
0
Q_j
Q
すべての買い手の需要を集計
市場需要曲線
P（ある財の価格）
P_1
D
0
P_1 に対するすべての買い手の需要量
Q（ある財への需要量）

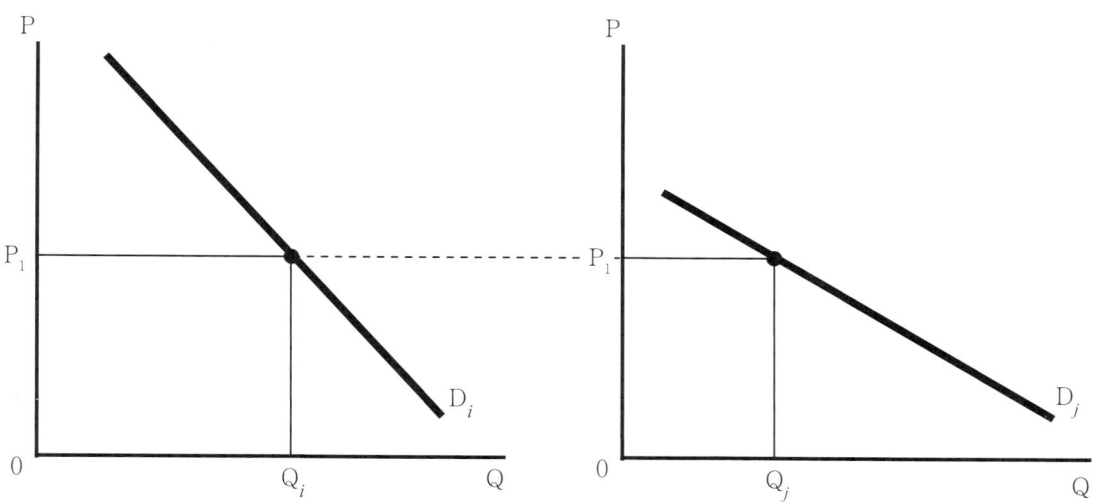

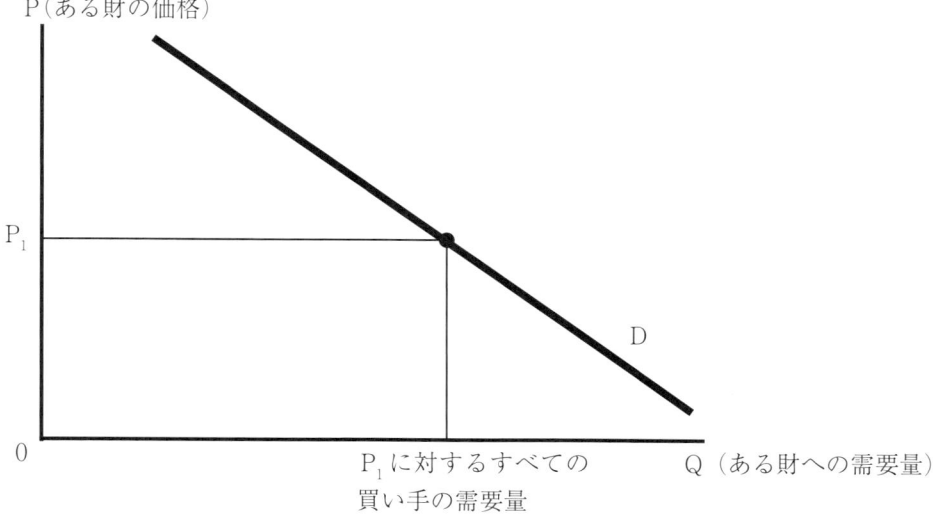

(2) 需要曲線のシフト

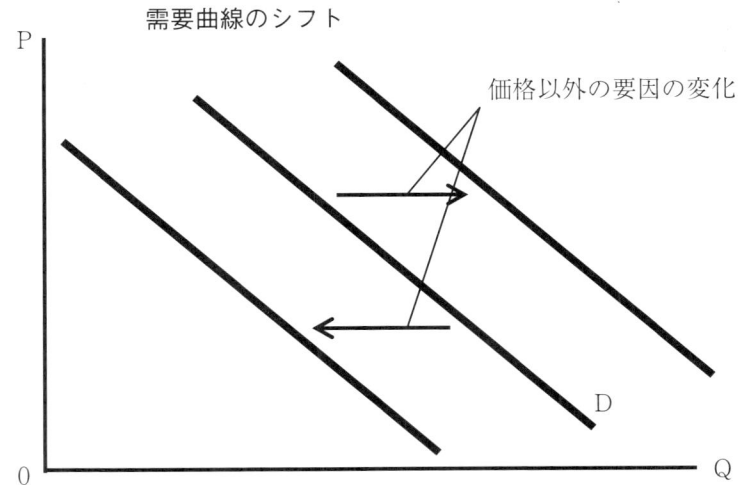

需要曲線のシフト

p.6のグラフのシフトで述べたように、任意の価格の下で、買い手が需要量を増加あるいは減少させるように価格以外の要因が変化するとき（異なる水準で一定であるとき）、市場需要曲線は右方あるいは左方にシフトする（より右方あるいは左方に位置している）。

★価格と価格以外の要因がそれぞれ変化した場合の市場需要曲線の変化
　＊価格の変化
　　需要曲線上の動き（需要曲線はシフトしない）。
　＊所得の変化
　　所得が増加（減少）すれば、需要曲線は右方（左方）にシフト。
　＊関連する財の価格の変化
　　たとえば、代替財の価格が上昇（下落）すると、需要曲線は右方（左方）にシフト。
　＊嗜好（好み）の程度の変化
　　嗜好（好み）の程度が強まれば（弱まれば）、需要曲線は右方（左方）にシフト。
　＊期待（予想）の変化
　　価格の上昇あるいは所得増加への期待が強まると、現在の消費が刺激されるので、需要曲線は右方にシフト。逆に、価格の下落あるいは所得減少への期待が強まると、現在の消費は抑制されるので、需要曲線は左方にシフト。
　＊買い手の数の変化
　　買い手が増えれば（減れば）、需要曲線は右方（左方）にシフト。

以上から「需要の変化」について2通りの意味があることに注意。
① 価格の変化と逆方向への「需要の変化」は、需要曲線上の動きを表わす。
② 任意の価格の下で、価格以外の要因が変化するとき（異なる一定の水準にあるとき）の「需要の変

化」は、需要曲線のシフトを表わす。

(3) 需要の弾力性

需要がその決定要因の変化に対してどの程度反応するかを測るのに、弾力性の概念がある。

★需要の価格弾力性とその決定要因

需要の価格弾力性とは、価格の変化に対して需要量がどの程度反応するかを測る尺度で、需要曲線の傾きの程度を表す。

下図から明らかなように、価格の変化に対して需要量が大幅に反応するとき、需要は弾力的（需要曲線の傾きが緩やか）。逆に、価格の変化に対して需要量がわずかしか反応しないとき、需要は非弾力的（需要曲線の傾きが急）。

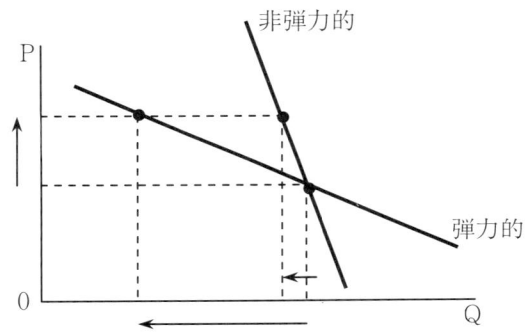

○必需品とぜいたく品

必需品への需要は非弾力的で、ぜいたく品への需要は弾力的。

○密接な代替財の存在

密接な代替財をもつ財ほど、需要の弾力性が大。たとえば、バターとマーガリン。

○期間の長さ

一般に、短期においてより長期においての方が、財に対する需要は弾力的。

例　ガソリン価格の上昇は、短期的にはガソリンの需要をほとんど減少させない。

　　しかし、長期的には、省エネの努力や技術進歩によってガソリンの需要をかなり減少させる。

★需要の価格弾力性の計算

$$需要の価格弾力性 = －\frac{需要の変化率}{価格の変化率}$$

需要量と価格は負の相関関係にあるので、各変化率は反対の符号をもつ。それゆえ、各変化率の比率の符号は常に負であるが、簡単化のために弾力性を絶対値で表す。

例　牛丼の価格が1杯300円から240円に下がったため、牛丼を食べる回数を月に8回から10回に増やした。

$$\text{価格の変化率} = \frac{-(240-300)}{300} \times 100 = 20\%$$

$$\text{需要の変化率} = \frac{10-8}{8} \times 100 = 25\%$$

需要の価格弾力性
= 25%/20%
= 1.25 > 1（弾力的）

★さまざまな需要曲線

需要曲線の傾きの程度を表す需要の価格弾力性の値によって、さまざまな形の需要曲線が想定される。

(a) 需要が完全に非弾力的なケース
　　（弾力性が0）

(b) 需要が非弾力的なケース
　　（弾力性が1より小）

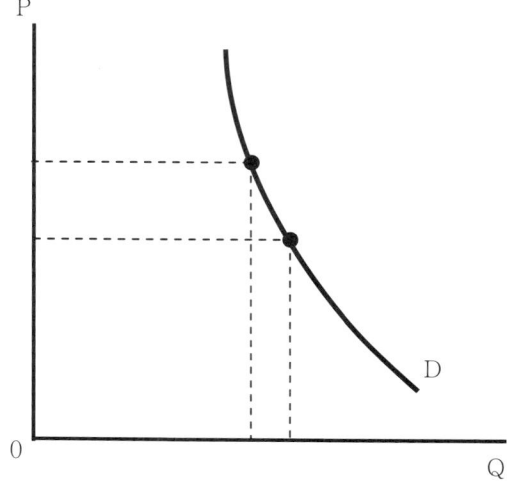

(c) 弾力性が1に等しいケース

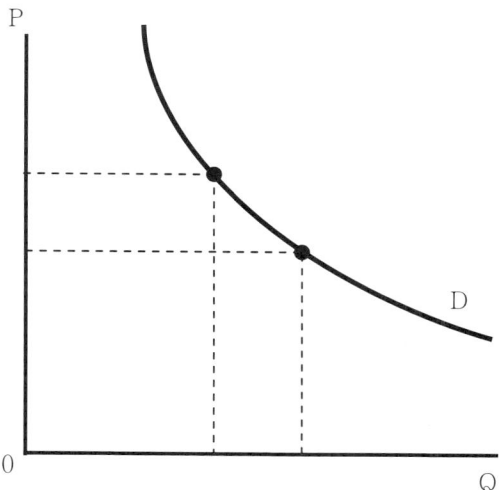

(d) 需要が弾力的なケース
　　（弾力性が1より大）

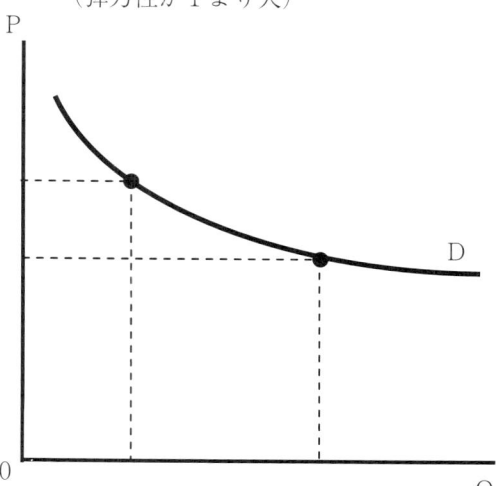

★総収入と需要の価格弾力性

需要曲線上を動くとき総収入は変化するが、その変化は以下で明らかなように需要の価格弾力性に依存する。

（価格の変化に対して）需要が非弾力的な場合　　　（価格の変化に対して）需要が弾力的な場合

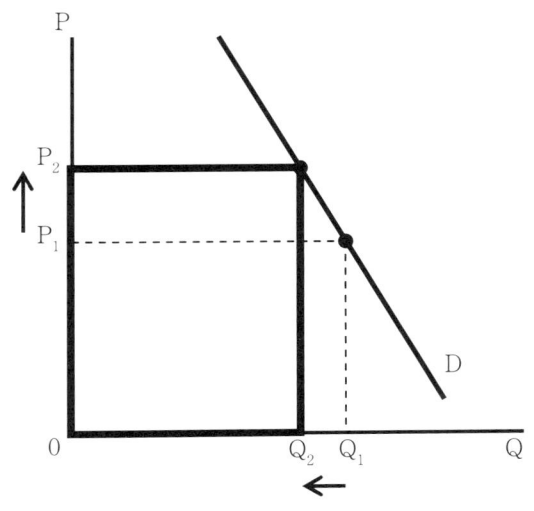 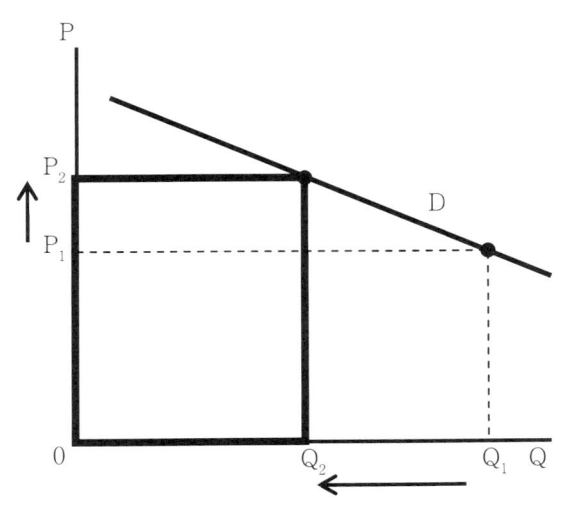

　　総収入↑＝P↑↑・Q↓　　　　　　　　　　　総収入↓＝P↑・Q↓↓

価格Pの上昇はそれより**小さな**比率の需要Qの減少をもたらす。それゆえ、総収入＝P・Qは**増加**する。　　価格Pの上昇はそれより**大きな**比率の需要Qの減少をもたらす。それゆえ、総収入＝P・Qは**減少**する。

以上をまとめれば、

需要の価格弾力性 $\begin{cases} <1のとき、価格↑↓ \longrightarrow 総収入↑↓ \\ =1のとき、価格↑↓ \longrightarrow 総収入は不変 \\ >1のとき、価格↑↓ \longrightarrow 総収入↓↑ \end{cases}$ （矢印の順序は対応）

Ⅲ 供給曲線と供給の弾力性

(1) 供給と供給曲線

★各売り手の供給の決定要因
　○価格
　　価格以外の要因が一定であれば、財の価格が上昇すると、財の供給量も増加する（供給法則）。この法則は各売り手の利潤最大化行動から説明できるが、この講義では「経済常識」として仮定する。
　○投入価格
　　財の供給量はその財の生産に必要な投入物の価格と負の相関関係をもつ。
　　例　部品・原材料の価格や労働投入の価格である賃金↑ → 総費用↑ → 利潤↓
　　　　→ 供給量↓
　○技術
　　生産技術の進歩は同じ費用でより多くの生産を可能にする（あるいは同じ生産量をより少ない費用で生産可能にする）。
　○期待（予想）
　　価格や経済状況などに関する将来の期待ないしは予想。

★各売り手の供給曲線
　価格以外の要因を不変にして価格のみが変化する場合、ある財の価格と供給量の関係を表すグラフが各売り手の供給曲線。価格が変化すると供給量も同じ方向に変化するので、各売り手の供給曲線は右上がりとなる。

売り手 i の供給曲線

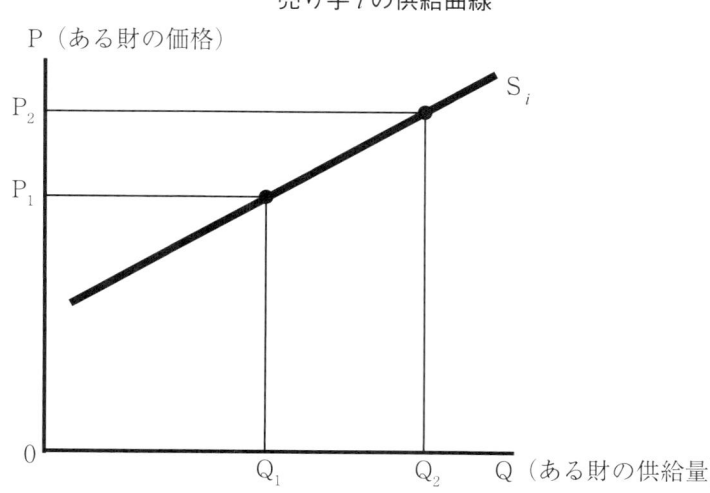

供給曲線は、任意の価格に対する供給量が売り手の利潤を最大化しているという意味で、その価格に対する最適供給量を表していることに注意。

★市場の供給と各売り手の供給
　市場の供給はすべての売り手の供給を合計したもの。**市場供給曲線**はすべての売り手の供給曲線を水平方向に足し合わせることによって求めることができる。

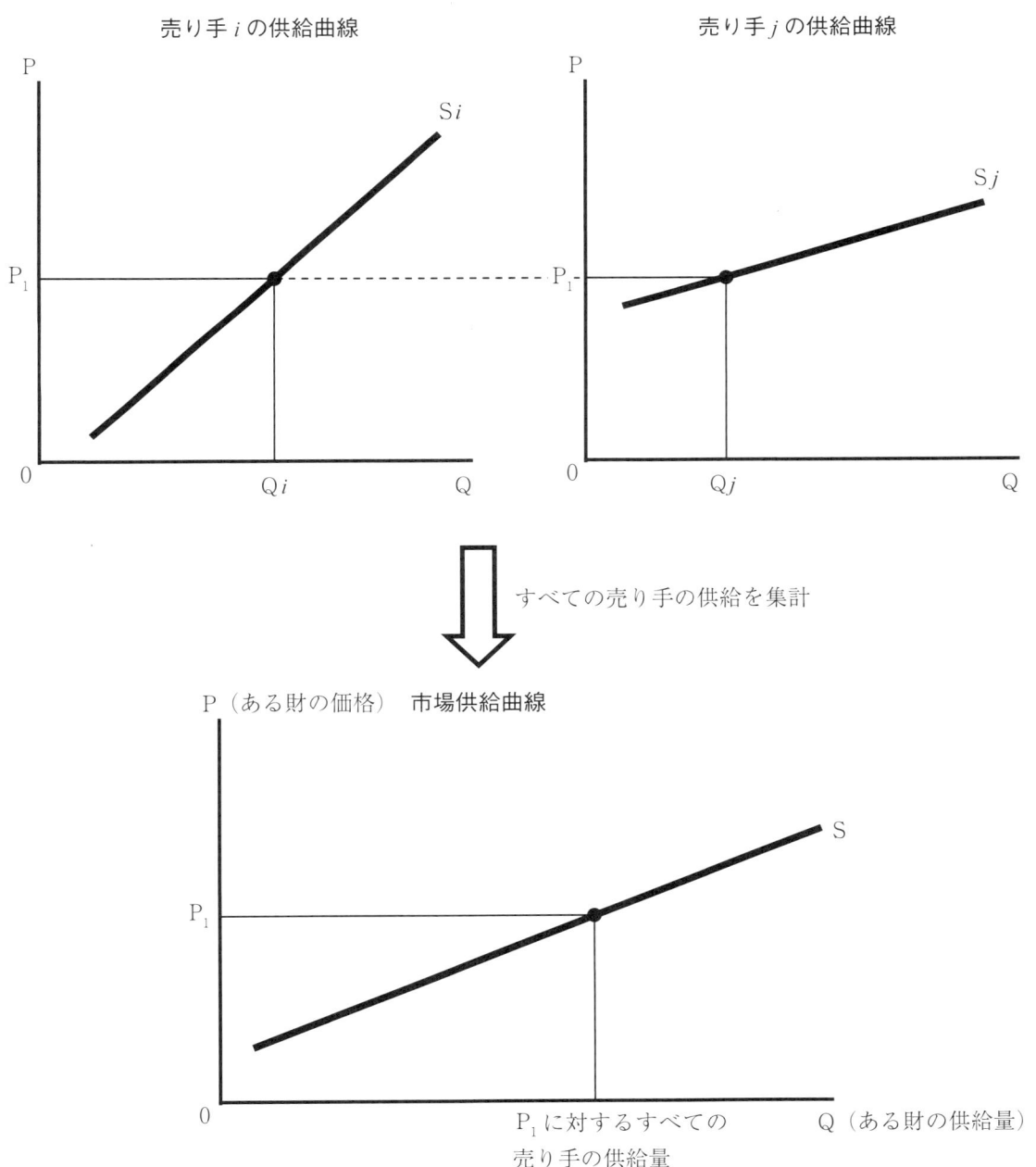

(2) 供給曲線のシフト

供給曲線のシフトについての説明は、需要曲線のシフトに関する説明と形式的には全く対応している。

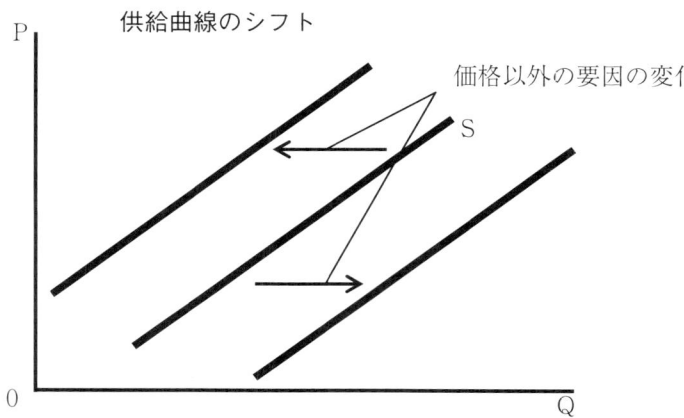

任意の価格の下で、売り手が供給量を増加あるいは減少させるように価格以外の要因が変化するとき（異なる水準で一定であるとき）市場供給曲線は右方あるいは左方にシフトする（より右方あるいは左方に位置している）。

★価格と価格以外の要因がそれぞれ変化した場合の市場供給曲線の変化
　＊価格の変化
　　供給曲線上の動き（供給曲線はシフトしない）。
　＊投入価格の変化
　　部品・原材料の価格や賃金が上昇（下落）すると、総費用が増加（減少）し利潤が減少（増加）するので、供給曲線は左方（右方）にシフト。
　＊技術の進歩
　　生産技術の進歩は、費用が同じであればより多くの生産を可能にするので、供給曲線は右方にシフト。
　＊期待（予想）の変化
　　たとえば、価格上昇（下落）への期待が強まると、売り手は売り惜しみ（売り急ぎ）をして現在の供給量を減少（増加）させるので、供給曲線は左方（右方）にシフト。
　＊売り手の数の変化
　　売り手が増えれば（減れば）、供給曲線は右方（左方）にシフト。

以上から、「需要の変化」と同様に、「供給の変化」についても以下の2通りの意味があることに注意。
① 価格の変化と同じ方向への「供給の変化」は、供給曲線上の動きを表わす。
② 任意の価格の下で、価格以外の要因が変化するとき（異なる一定の水準にあるとき）の「供給の変化」は供給曲線のシフトを表わす。

(3) 供給の弾力性

★供給の価格弾力性とその決定要因

　供給の価格弾力性とは、価格の変化に対して供給量がどの程度反応するかを測る尺度で、供給曲線の傾きの程度を表す。

　下図から明らかなように、価格の変化に対して供給量が大幅に反応するとき、供給は弾力的（供給曲線の傾きが緩やか）。逆に、価格の変化に対して供給量がわずかしか反応しないとき、供給は非弾力的（供給曲線の傾きが急）。

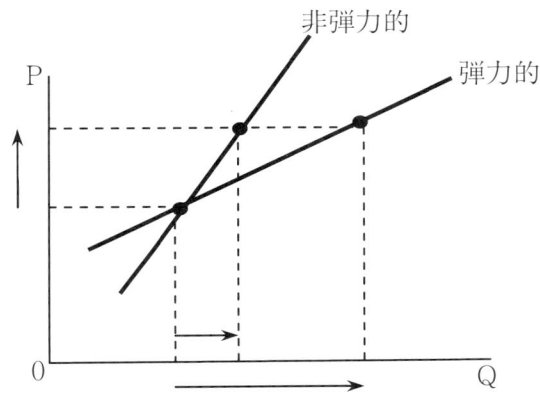

○期間の長さ

　　短期―企業は工場規模を簡単には変更できないので、供給は非弾力的。
　　長期―企業は工場規模を十分に変更できるので、また市場への参入とそこからの退出によって企業数も変化するので、供給は弾力的。

★供給の価格弾力性の計算

$$供給の価格弾力性 = \frac{供給の変化率}{価格の変化率}$$

例　ある清涼飲料の価格が1本当たり100円から110円に上昇して、清涼飲料メーカーの生産量が1カ月当たり10万ダースから12万ダースに増加した。

$$価格の変化率 = \frac{110-100}{100} \times 100 = 10\%$$

$$供給の変化率 = \frac{12万-10万}{10万} \times 100 = 20\%$$

供給の価格弾力性
= 20%/10%
= 2.0 > 1（弾力的）

★さまざまな供給曲線

供給曲線の傾きの程度を表す供給の価格弾力性の値によって、さまざまな形の供給曲線が想定される。

(a) 供給が完全に非弾力的なケース（弾力性が0）

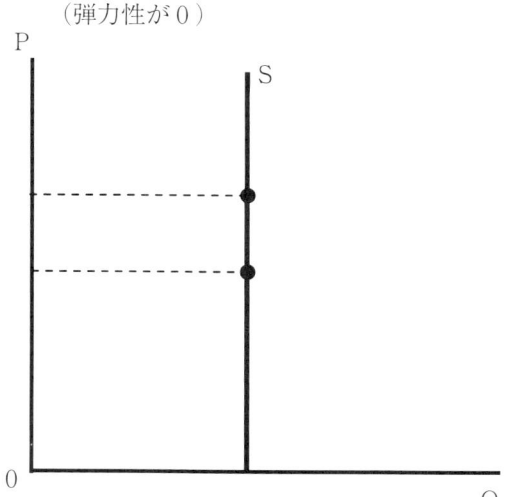

(b) 供給が非弾力的なケース（弾力性が1より小）

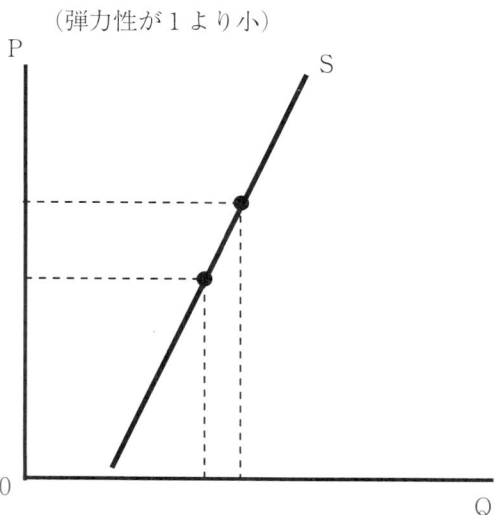

(c) 弾力性が1に等しいケース

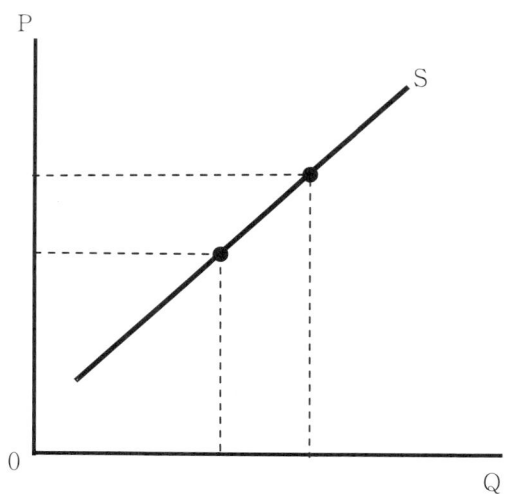

(d) 供給が弾力的なケース（弾力性が1より大）

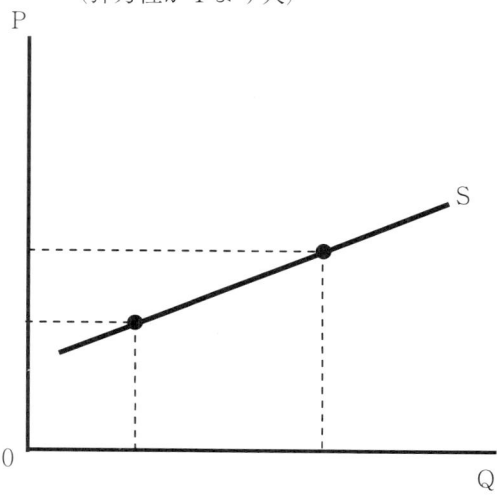

Ⅳ 市場均衡とその変化

(1) 市場均衡

　図は市場需要曲線Ｄと市場供給曲線Ｓを第１象限に重ねたもので、**完全競争市場モデル**を図示したもの。両曲線の交点Ｅが**市場均衡点**、その点に対応する価格と数量がそれぞれ**均衡価格** P_e と**均衡取引量** Q_e である。

　均衡価格 P_e では、買い手が買いたい財の量 Q_e と売り手が売りたい財の量 Q_e が釣り合っている。即ち、需給が均衡している。

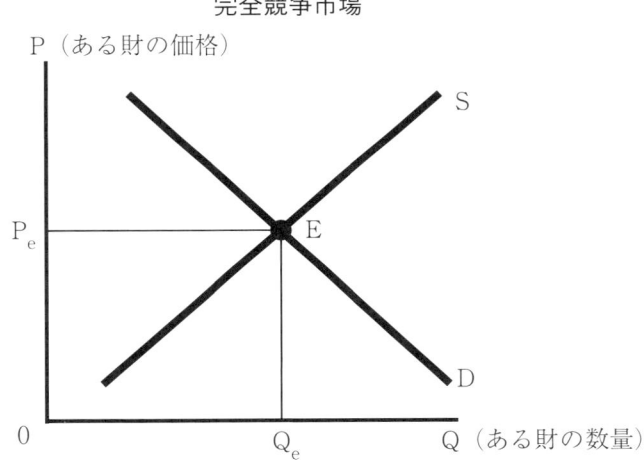

完全競争市場

　市場は、売り手と買い手の行動を通じて需給均衡点に至る自動調整機能をもつ。
なぜそうなるのかを、市場価格が均衡価格から乖離している場合についてみてみよう。

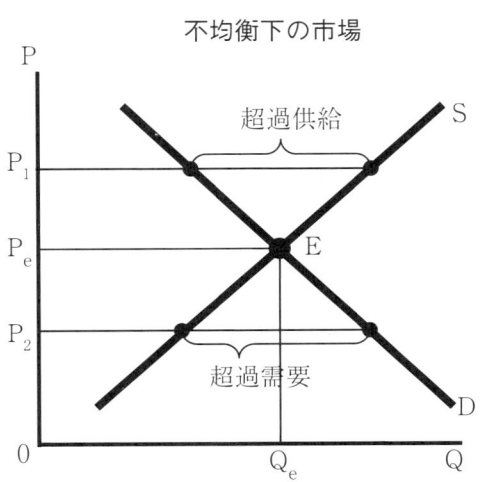

不均衡下の市場

図のように、市場価格が均衡価格より高い、たとえばP_1にあり、供給量が需要量を上回る超過供給の場合を考えよう。このとき、売り手は需要不足のために価格を引き下げることによって需要を増やそうとする。価格の引き下げは需要の増加と同時に供給の減少を通じて超過供給を減少させ、需給均衡点Eに至るまで続く。

逆に、市場価格が均衡価格より低い、たとえばP_2にあり、需要量が供給量を上回る超過需要の場合では、売り手は品不足を利用して価格を引き上げることができる。価格の引き上げは供給の増加と需要の減少を通じて超過需要を減少させ、需給均衡点Eに至るまで続く。

均衡に到達する早さは、価格が調整される速度に依存し、それは財の市場によって異なる。株式や債券市場のような金融市場では、不均衡が生ずればIT（情報技術）によって瞬時に調整され、均衡価格と均衡取引量が実現される。金融市場ほどではないが、均衡への到達速度が速い市場に農産物の市場がある。特に農産物が超過供給にあるとき、農産物の売り手は売れ残りものの品質が劣化していくのを防ぐため、速く値下げをしてできるだけ売れ残りを処分しようとする。日用雑貨や身の回り品の市場は、財の性質上均衡への到達が最も遅い市場に属する。それらの財が超過供給にある場合、品質の劣化はすぐには起きないのでしばらく在庫しておくことが可能である。そのため価格調整は農産物ほど速くはない。しかし、超過供給状態が続く限り、遅かれ早かれ価格調整は不可避となる。

上記のような自動調整機能があるために、ミクロ経済学では殆んど常に、均衡のみを分析対象にすることが仮定される。このような分析方法を**均衡分析**という。現実の価格と取引量は、この分析における均衡価格と均衡取引量とみなされる。

(2) **市場均衡の変化**

均衡価格と均衡取引量は需給両曲線の位置に依存する。

価格以外のある要因が変化 ⟶ 需給両曲線のどちらかあるいは両方がシフト ⟶ 市場均衡が変化

価格以外の要因の変化が市場均衡に及ぼす影響を、元の均衡と新しい均衡を比較することによって分析することを、**比較静学分析**という。

★需要の変化例

猛暑が消費者の夏の果物への嗜好を強めた場合の影響

夏の果物市場を猛暑が襲い、任意の価格の下でその需要量を増大させるような、人々の夏の果物（スイカやメロンなど）への嗜好が強まったとき、需要曲線は右方にシフトする。このとき、均衡価格は急騰し、均衡取引量は増加する。S曲線が非弾力的であるのは、果物が収穫されて市場に出されるとき、その供給は価格の変化に対応できる余地があまりないためである。

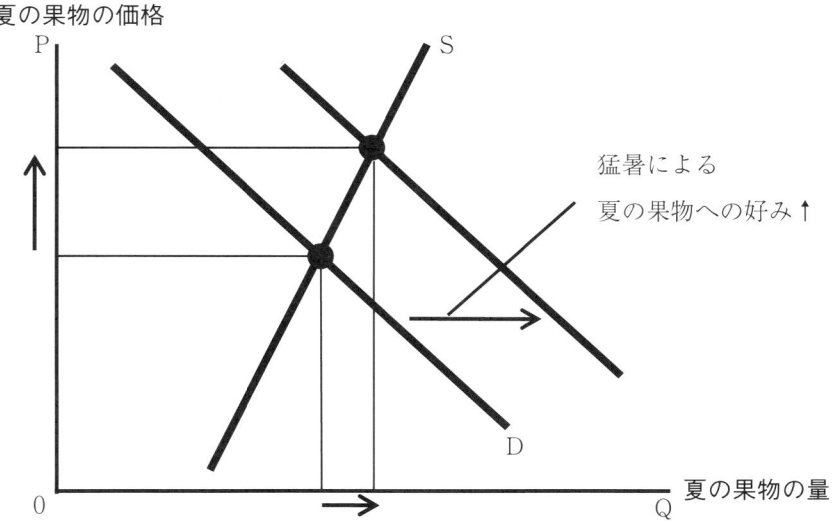

需要曲線のシフトをもたらす他の例
 ＊（牛肉市場における）狂牛病の発生　⟶　嗜好の減退
 ＊特定のファッションの流行　⟶　嗜好の高まり
 ＊景気の回復　⟶　所得の増加

「価格が下がると需要が増える」と「需要が増えれば価格が上がる」の区別について、ここまで説明してきた単純なモデルで容易に理解できる。両者の区別の図示（省略）。

★供給の変化例
　東日本大震災が住宅建材の供給に大きな打撃を与えた当初の影響

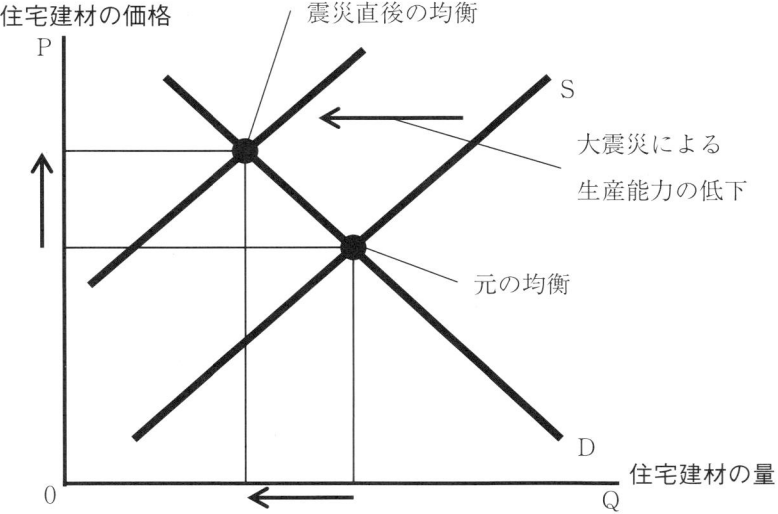

東日本大震災が住宅建材市場に大きな影響を与えた最初の現象は、住宅建材の供給量の大幅な減少である。さまざまな住宅建材を生産する工場の被災とその部材のサプライ・チェーン（供給網）の寸断そして電力不足が、住宅建材の供給量をたとえ一時的にでも激減させた。任意の価格の下での住宅建材の供給量の大幅な減少は、その供給曲線を大きく左方にシフトさせる。（このシフトの要因は、p.16にある売り手の数の大幅な減少に相当する）このとき、均衡取引量は大きく減少し、均衡価格は急騰する。

供給曲線のシフトをもたらす他の例
　　＊原油価格の高騰　　→　　原油を主要な投入物とする財の投入価格の上昇
　　＊薄型テレビや（LED・有機ELなど）次世代照明器具の技術進歩
　　＊新規参入による売り手の数の増加（競争の激化）

「価格が上がると供給が増える」と「供給が増えれば価格が下がる」の区別について、ここまで説明してきた単純なモデルで容易に理解できる。両者の区別の図示（省略）。

★需要と供給の変化例
　大震災が住宅建材の供給に大打撃を与えてからやや遅れて、住宅建材の生産能力の回復と同建材への需要の回復の動きが同時に生じてくる。分析の大胆な単純化のために、その過程において生産能力は遅かれ早かれ完全復旧し、供給曲線は最終的に元の位置に戻ると仮定しよう。（この仮定は、p.16にある売り手の数の増加と復興需要への期待の高まりの影響の方が、投入価格の上昇の影響よりずっと大きいという考えにもとづいている）この想定の下では、問題のカギは需要曲線の動きにある。下の(a)図は、需要曲線が最終的には右方にシフトして、価格と取引量が元の均衡点から上昇あるいは増加するケースを示している。(b)図は、需要曲線が最終的に左方にシフトして、価格と取引量が元の均衡点から低下あるいは減少するケースを示している。(a)と(b)のどちらが実現するかは、一般には不明である。

(a)のケース

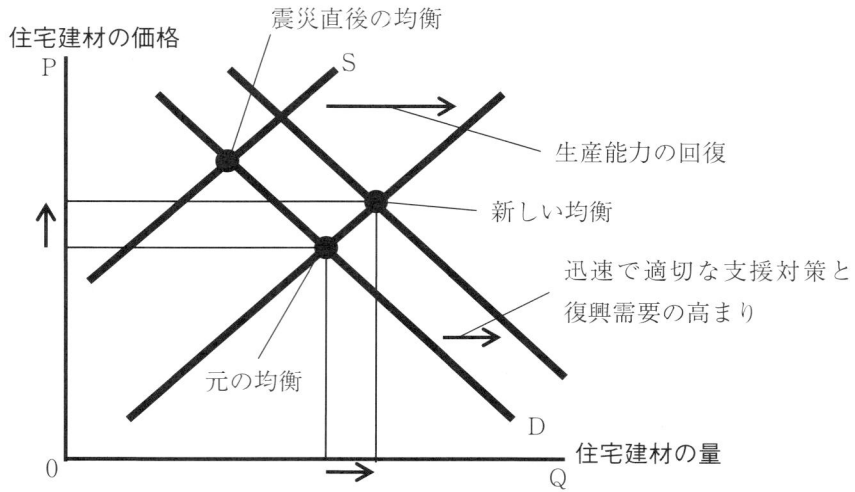

(b)のケース

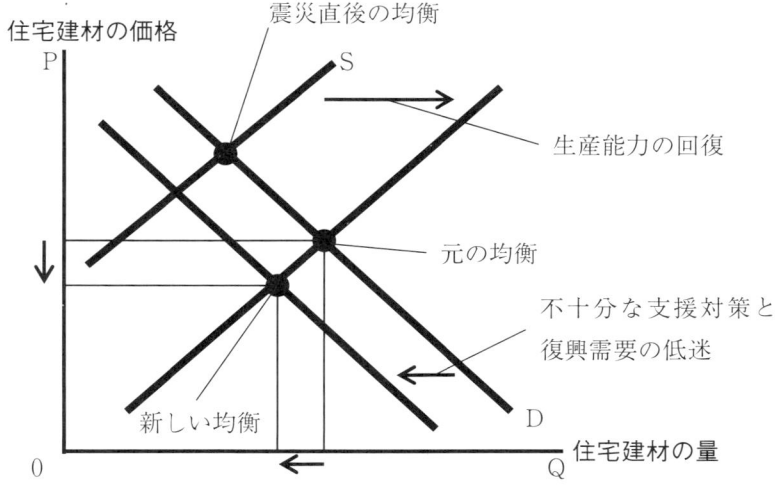

　住宅建材への需要は一般にはその価格だけでなく、それ以外の要因にも依存している。それ以外の要因の２つの主要なものとして、住宅産業の景気の状態と復興需要への期待がある。それゆえ需要曲線のシフト要因は、住宅産業の景気の状態と復興需要への期待である。この２つのシフト要因がともに依存しているのが、政府・自治体の住宅関連支援対策と経済全体の復興需要の強さである。政府・自治体による住宅支援対策が迅速で適切であるほど、そして経済全体の復興需要が強いほど、住宅産業の景気は上向き、復興需要への期待は高まる。この場合が(a)図で示されており、住宅建材への需要曲線は右方にシフトして、元の均衡点と比べて均衡価格は上昇し、均衡取引量は増大する。逆に、政府の支援対策が不十分で、経済全体の復興需要も盛り上がらず低迷する場合が(b)図で示されており、需要曲線は左方にシフトして、元の均衡点と比べて均衡価格は下落し、均衡取引量は減少する。

需給両曲線のシフトをもたらす他の例
　＊牛肉市場における狂牛病の発生と一部輸入禁止政策

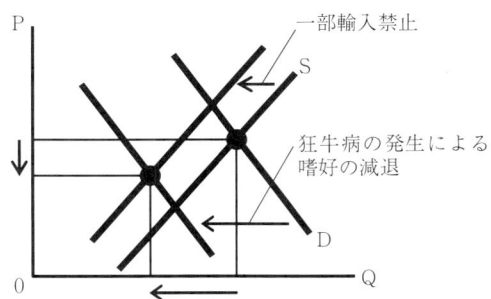

　狂牛病の影響が一部輸入禁止の影響より大である場合、価格は下落し、取引量は急減する。

＊LED照明器具市場の最近の動向（簡単化のため同市場を完全競争市場と仮定）

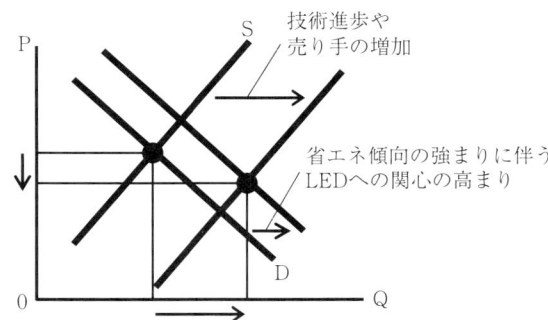

　LED技術の進歩と売り手の増加の影響の方が、省エネ傾向の強まりによるLEDへの関心の高まりの影響より大である場合、価格は下落し、取引量は増加する。

　戦後長らく続いてきた蛍光灯に代わる次世代照明器具としてLED照明器具が脚光を浴びるようになっているが、図はごく最近見られるLED市場の動向を示しているとみなすことができる。もっとも、社会の省エネ傾向が、今回の東北大震災と将来起こることが懸念される巨大地震や脱原発への動きによって一層強まれば、D曲線はより右方にシフトし、そうでない場合より価格はより高くなり、取引量はより増加するだろう。

(3)　弾力性の応用

　引き続いて直接及び間接の被災地にある野菜市場を取り上げ、弾力性の応用について説明しよう。下の図のD曲線と垂直なS線は、それぞれ野菜への需要曲線とその供給曲線である。D曲線が非弾力的なのは、野菜が必需性の高い財だからである。S線が完全に非弾力的なのは、野菜の供給量が植え付けの際の生産計画である一定の水準に決められており、収穫されて市場に出される時には価格の変化に対応できないからである。

野菜市場における大震災と原発事故の影響

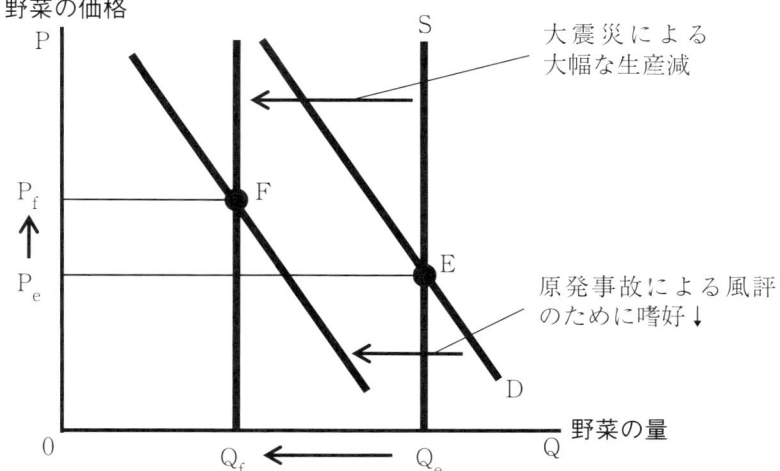

大震災時の特に津波による野菜の大幅な生産減によってＳ曲線は大きく左方にシフトする。Ｄ曲線も原発事故による風評のための嗜好の減退によって左方にシフトする。その結果、均衡点はＥ点からＦ点に移る。野菜の均衡取引量は、Q_e から Q_f まで急減し、均衡価格は P_e から P_f まで上昇する。取引量の Q_e から Q_f への減少率の方が、価格の P_e から P_f への上昇率よりずっと大きいので、野菜農家の総収入は $P_e Q_e$ から $P_f Q_f$ まで大きく減少する。

Ⅴ 市場の効率性と市場の失敗

　Ⅳ章では、市場が需要と供給の作用を通じてどのように財・サービスの価格と取引量を決めるかを見てきた。いわば、現実の市場の仕組みはどうなっているか、という実証的分析であった。そこでは、均衡価格と均衡取引量が社会的にみて適正なのかどうか、過大あるいは過小ではないのか、という問題は問われなかった。言い換えれば、市場経済はどうあるべきか、という規範的分析ではなかった。

　本章では、規範的分析である市場の効率性と、それが成立しない場合の「市場の失敗」について取り上げる。**市場の効率性**とは、市場均衡が市場におけるすべての買い手と売り手のそれぞれの利益を合わせた総利益を最大にするという意味で、資源（財・サービスのこと）の最適配分を実現する性質のことを言う。以下では、利益のことを便益ともいう。

(1) 市場の効率性

★消費者余剰

　まず市場に参加している買い手の便益から見てみよう。図5－1は市場需要曲線とこれから説明する限界効用及び消費者余剰について示したものである。図においてPは価格、Qは需要量、P_2は現行の価格、そしてD曲線は市場需要曲線である。Qが任意の水準たとえばQ_1から1単位だけ余分に増えたとき、買い手にとって費用と効用（満足のこと）の両方が増える。費用の増加分は1単位×現行の価格＝P_2であり、これは完全競争下の各買い手にとって所与である。

　一方、効用（満足）の増加分は次のように考えることができる。Q_1に対応する価格P_1は、需要量をQ_1から1単位増やすために買い手が最大限支払ってもよいと思う支払許容額（あるいは主観的評価額）のことであり、この1単位の財から買い手が得る効用（満足）を金銭で表示したものとみなすことができる。それゆえ、需要量をQ_1から1単位増やしたときの効用の増加分は、図でいえば斜線部の柱状の面積、即ち1単位×P_1＝P_1であり、これはQ_1における限界効用（あるいは支払許容額）と呼ばれる。より一般的に言えば、任意の需要量から1単位余分に需要を増やしたときの効用の増加分を、その需要水準における**限界効用（あるいは支払許容額）**という。図5－1から明らかなように、限界効用は需要量が増えるにつれて一貫して減少する。これは「限界効用逓減」と呼ばれる当然の現象であるが、Ⅱ章（8頁）で各買い手の需要曲線が右下がりであることを仮定したことの必然の結果である。

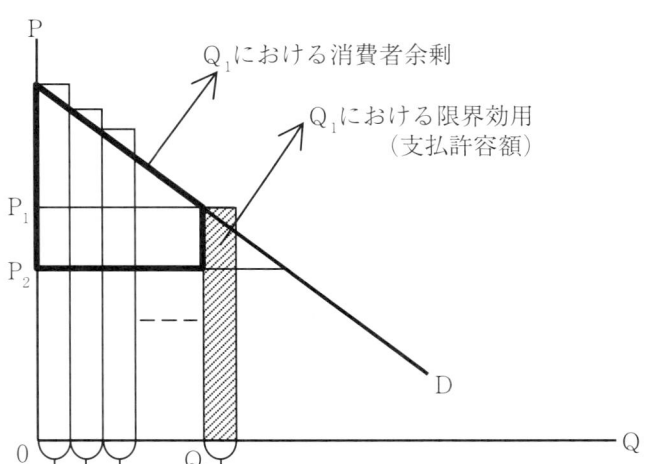

図5－1　市場需要曲線と限界効用、消費者余剰

需要曲線は限界効用曲線そのものなので、需要量がQ_1における買い手の総効用は、図におけるQ_1までのD曲線の下の台形の面積で表わされる。というのは、その台形の領域が0からQ_1までの各単位の限界効用を集計したものだからである。Q_1における買い手の総支払額は、現行価格がP_2なので、Q_1までのP_2線の下の長方形の面積で表わされる。それゆえ、買い手全体の便益を消費者余剰と呼び、

消費者余剰＝総効用─総支払額

と定義すれば、Q_1における消費者余剰は、図でいえばQ_1までの需要曲線と現行の価格線に挟まれた部分の面積で示される。

★生産者余剰

次に市場に参加している売り手の便益を見てみよう。図5－2は市場供給曲線とこれから説明する限界費用及び生産者余剰について示している。図においてQは供給量（生産量というときもある）、P_2は現行の価格、そしてS曲線は市場供給曲線である。Qが任意の水準たとえばQ_1から1単位余分に増えたとき、売り手にとって収入と費用の両方が増える。収入の増加分は1単位×現行の価格＝P_2であり、これは完全競争下の各売り手にとって所与である。

一方、費用の増加分については以下のように考えることができる。Q_1に対応する価格P_3は、生産をQ_1から1単位増やすために必要な最低の価格、即ち費用であるとみなすことができる。というのは、実際の価格が（費用を示す）P_3より高ければ、この追加的1単位の供給は実現され、逆に低ければ実現されないからである。それゆえ、生産をQ_1から1単位増やしたときの費用の増加分は、図でいえば斜線部の柱状の面積P_3であり、これはQ_1における限界費用と呼ばれる。より一般的に言えば、任意の生産量から1単位余分に生産を増やしたときの費用の増加分を、その生産水準における**限界費用**という。図5－2から明らかなように、限界費用は生産量が増えるにつれて一貫して増加する。この「限界費用逓増」と呼ばれる現象は、Ⅲ章（14頁）で各売り手の供給曲線が右上がりであることを仮定したことの必然の結果である。

供給曲線は限界費用曲線そのものなので、供給量がQ_1における売り手の費用は、図におけるQ_1までのS曲線の下の台形の面積で表わされる。というのは、その台形の領域が0からQ_1までの各単位の限界費用を集計したものだからである。ここで売り手の費用とは、厳密にいえば、図から明らかのように（生産量の変化とともに変化する）可変費用のみを指す。可変費用は、具体的には原材料費や労働費用のことである。

Q_1における売り手の総収入は、現行価格がP_2なので、Q_1までのP_2線の下の

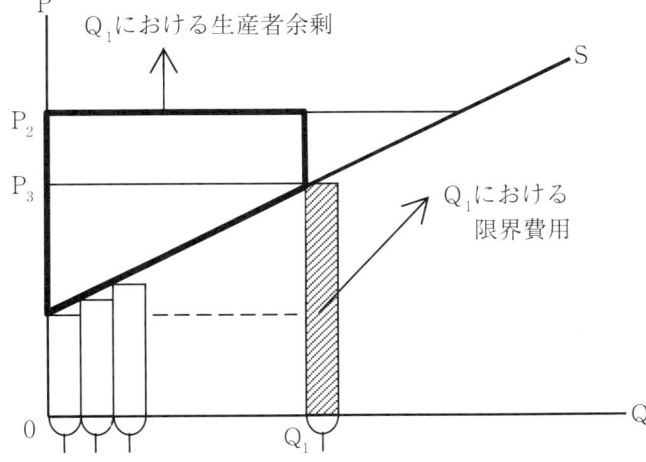

図5－2　市場供給曲線と限界費用、生産者余剰

図5-3 市場均衡における消費者余剰と生産者余剰

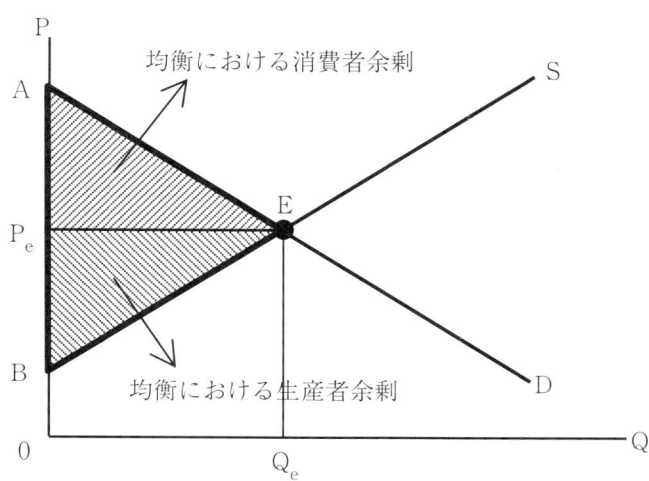

長方形の面積で表わされる。それゆえ、売り手全体の便益を生産者余剰と呼び、

生産者余剰＝総収入－可変費用

と定義すれば、Q_1 における生産者余剰は、図でいえば Q_1 までの現行の価格線と供給曲線に挟まれた部分の面積で示される。

★市場均衡の評価

消費者余剰の定義における総支払額と生産者余剰の定義における総収入は等しいので、両余剰を合計したものを総余剰と呼ぶと、

総余剰（消費者余剰＋生産者余剰）＝総効用－可変費用

である。図5-3は、市場で需給が均衡しているときの総余剰と消費者余剰及び生産者余剰を示している。均衡取引量 Q_e における総効用は、Q_e までのD曲線の下の面積であり、Q_e における可変費用は、Q_e までのS曲線の下の面積である。それゆえ、均衡における総余剰は、Q_e までの需要曲線と供給曲線に挟まれた領域ABEの面積で表わされる。その内訳は、需要曲線より下で均衡価格線より上の部分の面積を示す消費者余剰と、均衡価格線より下で供給曲線より上の部分の面積を示す生産者余剰からなっている。

市場均衡の評価に関して以下の命題が成り立つ。「市場均衡は総余剰を最大化し、その意味で資源（財）の最適配分を達成する」ここで、財の最適配分とは図5-3でいえば Q_e のことである。**市場の効率性**とは、市場がもつこうした資源の効率的配分機能のことをいう。

上の命題の証明は以下の通りである。図5-4において、Qが均衡水準 Q_e より低い任意の水準たとえば Q_1 にあるとき、

総余剰＝総効用（領域AOID）
　　　－可変費用（領域BOIC）
　　＝Q_e における総余剰（領域ABE）
　　　－領域CDE

であり、Q_e における総余剰よりも領域CDEだけ損なわれる。

他方、Qが均衡水準Q_eより高い任意の水準たとえばQ_2にあるとき、

総余剰＝総効用（領域AOHF）
　　　　－可変費用（領域BOHG）
　　　＝Q_eにおける総余剰（領域ABE）
　　　　－領域EFG

であり、Q_eにおける総余剰よりも領域EFGだけ損なわれる。

それゆえ、Q_eにおける総余剰、即ち市場均衡における総余剰は最大となり、領域ABEの面積で表わされる。かくして市場均衡は総余剰を最大にする財の最適量Q_eを実現する。

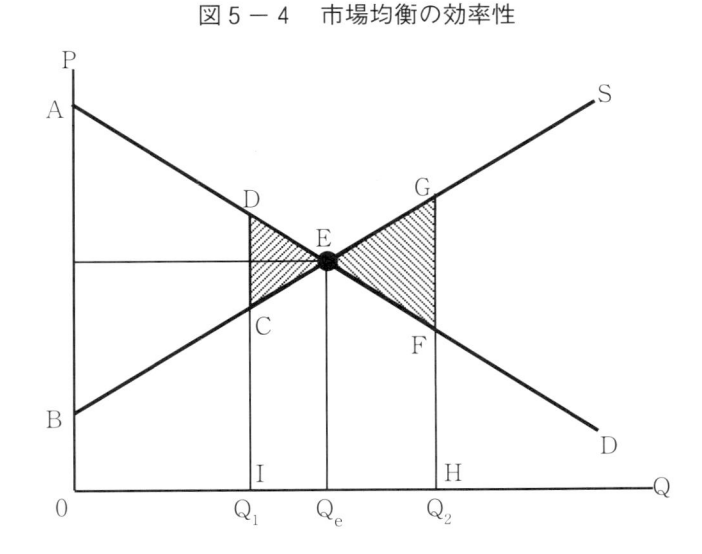

図5－4　市場均衡の効率性

(2) 市場の失敗

前項に述べたような理想的な市場の効率性が実現するためには、いくつかの仮定が不可欠であった。それらの仮定が成り立たなければ、もちろん市場の効率性は達成されない。規制のない市場で市場均衡が達成されず、あるいは達成されても、資源が効率的に配分されないことを「市場の失敗」と呼ぶ。本章の最後では、市場の失敗の中でも最も重要な三つについてごく簡単に言及しておこう。より詳しくは「ミクロ経済学」で学ぶだろう。

★市場支配力

(1)節では、市場は完全競争的であることが仮定された。しかし、いくつかの市場、たとえば独占市場や寡占市場では、1人あるいは少数の売り手が市場価格をコントロールしている。こうした価格に影響を及ぼす価格支配力あるいは市場支配力は、価格と数量を市場均衡から乖離させてしまうので、市場の効率性は損なわれてしまう。

図5－5で示されているように、上記のような非競争的企業は、生産量を効率的生産水準Q_eより低くし、対応して価格を効率的価格P_eより高くする。要するに、供給を制限することによって価格をつりあげて利潤を増やし、その結果総余剰を斜線部分だけ減少させてしまうのである。このような場合、政府は公共政

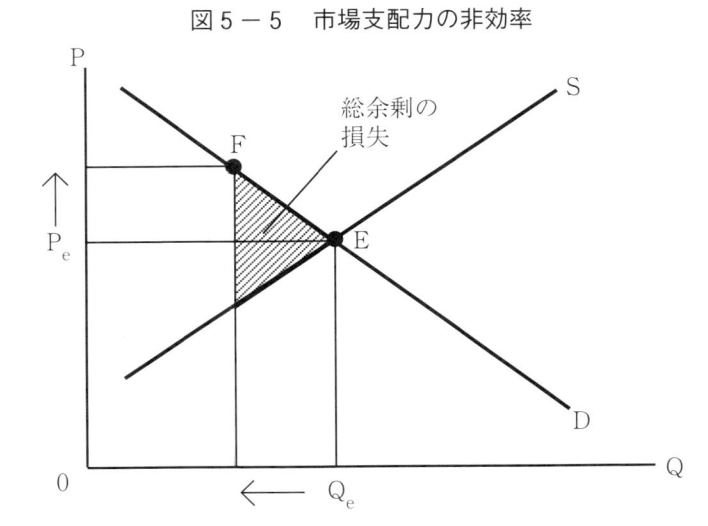

図5－5　市場支配力の非効率

策によって供給量を社会的に望ましい水準 Q_e に少しでも近づけ、経済効率を上げることが潜在的に可能である。

★外部性

(1)節では、市場の厚生（便益）は買い手と売り手の便益のみからなると仮定した。しかし、実際には、買い手と売り手の行動が市場に全く参加していない人々に影響を与えることがある。環境汚染や環境破壊は、市場の外にいる人々に悪影響を与える典型的な例である。そのような副作用のことを**負の外部性**と呼ぶ。（逆に、良い影響を与える作用のことを**正の外部性**と呼ぶが、ここでは省略する）

負の外部性が存在すると、総余剰は買い手の総効用と売り手の可変費用以外のものにも依存する。しかし、買い手と売り手はそのような副作用を考慮しないので、市場均衡では総余剰が損なわれ、社会全体からみると非効率になる。このような場合、政府は総余剰の損失をできるだけ少なくするために、負の外部性をもたらす売り手に課税をして、財の供給を均衡水準以下に減少させることが可能である。こうした負の外部性の影響を矯正するための税を、**環境税**あるいは（早くからそれを提唱した経済学者の名をとって）**ピグー税**と呼ぶ。

ケース・スタディ：タバコにはなぜ重税が課されるのか

どの国でも、タバコは最も重い税が課される財の一つである。なぜタバコ税はどこも高いのだろうか。容易に推測できるのは、中毒による依存症のためにタバコへの需要の弾力性が低く、重税を課して価格が大幅に上昇しても、税収が増えることが期待されるからである。もうひとつの主要な理由は、以下で述べるように、タバコ税が喫煙による人々の健康への悪影響とそれに伴う経済的負担という負の外部性を矯正しようとする環境税（ピグー税）であるということである。

最近、税率をさらに大幅に上げようとする傾向が世界的に強まっているが、これはひとつには、依存症になっている喫煙者にタバコを絶縁させるきっかけを与え、健康がより悪化することを未然に防ぐためである。もうひとつは、タバコが喫煙者だけでなく、非喫煙者の受動喫煙によって周囲の人々の健康にまで悪影響を与えることを防ぐためである。さらに、喫煙者が健康を害することによる経済的負担だけでなく、周囲の人々も含めた社会全体の医療・保険費用を抑制するためである。

★公共財

公共財とは、人々が利用することを妨げることはできないし、ある人が利用したからといって、他の人が利用できる量が減るわけでもない財のことをいう。要するに、排除可能でも競合的でもない財を**公共財**と呼ぶ。たとえば、公園はもちろん公共財である。ある特定の人々が公園を利用できなくすることはできないし、ある人々が公園を利用したからといって、他の人々が公園を利用することから得られる満足は通常減少しない。公共財も物的な財とサービスからなっている。物的な公共財としては道路・橋・港などの社会インフラや各種の公共施設が、そして公共サービスとしては国防、警察、基礎研究、（国公立）教育、保健衛生などなど多数ある。このような公共財には次のようなフリーライダー問題が生じて市場では供給されず、それゆえ公共財の市場は成立しない。

ケース・スタディ：フリーライダー問題

　ある町の住民は個人的にも公共的にも町民のための公園の必要性を感じている。1万人の住民は町の公園に1人当たり年間1,000円の価値があると考えている。公園が造成された後の維持管理費用は年間200万円と想定される。全住民が公園から受ける年間の総便益1千万円は、公園の年間の維持管理費用200万円より大きいので、この町が公園を設置することは望ましい。なお、公園の造成費はその維持管理費用よりはるかに大きいが、公園の年間の総便益が年間の維持管理費用より大きい限り、造成費は遅かれ早かれ回収される。

　しかし、この公園を企業あるいは個人に設置させることはできないだろう。というのは、公園の設置者が公園を利用しようとする人々から利用料を完全に徴収することは困難だからである。住民は利用料を払わなくても公園に容易に出入りできることを知っているからである。公園は排除可能ではないので、人々はフリーライダー（ただ乗りする人）になろうとするインセンティブ（誘因）を持つ。**フリーライダー**とは、ある財から便益を得ても、それに対する支払いを避ける人のことである。このようにして、公園は市場では供給されないが、問題の解決法は明らかである。自治体が公園を造ればよいのである。市議会は町民全員の税金を200円ずつ引き上げ、その収入で設置後の公園を維持管理することができる。町の全住民は、それぞれ年間1,000円の価値から200円の税金を引いた800円分だけ年間の厚生（便益）を改善できる。

　以上のように、公共財は排除可能ではないので、フリーライダー問題が発生して民間市場では供給されない。しかし、総便益が総費用を上回ると判断される限り、政府は税収を使ってその公共財を提供し、すべての人々の厚生を改善することができるのである。

第Ⅲ部　より新しい話題

Ⅵ　ゲームの理論

　前章までは、もっぱら需要と供給の作用を分析する市場理論を解説してきた。しかし、市場理論の限界を補う新しい理論としてゲームの理論がある。ゲーム理論でいうゲームとは、室内で行う囲碁・将棋や、屋外で行うサッカーや野球などのような、日常用語でいう意味よりも広い意味をもつ。

　経済の分野では、ゲームは少数の売り手しかいない寡占市場において典型的にみられる。たとえば日本の自動車市場では、企業はトヨタ、日産、ホンダなど数えるほどしかなく、それらの間で生産量、価格などの経営上の意思決定をめぐって戦略的駆け引きが行われている。前章までで考えてきた、売り手が多数いる「完全競争」と異なって、売り手の数が少数の「寡占市場」では、企業が価格や生産量を決める際、それらの意思決定が競争相手にどのような影響を与えるかを考慮に入れて決定する。このような駆け引きを、経済学では「戦略的行動」と呼ぶ。それゆえ、戦略的行動が本質的要因であるいかなる問題もゲーム理論の対象となる。

（1）囚人のジレンマ

　最初に、「囚人のジレンマ」と呼ばれる最も基本的なゲームから説明しょう。このゲームは、犯罪の容疑者として隔離されて取り調べを受ける囚人たちの間に見られる、取り調べに対してどう対応するかを巡る駆け引きに由来している。その特徴は経済や政治その他に広く通用する一般性を持つ。ここでは、経済における囚人のジレンマの典型例の一つとして、（市場に二つの企業しかない）複占市場における価格競争を取り上げよう。以下では、ゲームの参加者であるプレイヤーの意思決定あるいは行動を戦略と呼ぶ。

★複占市場における価格競争のゲーム（数値例）

　このゲームのプレイヤーは同質な財を供給する企業1と企業2。各企業の戦略はどちらも、値下げして相手より優位に立つ「価格競争」か、あるいはお互いに価格を高めに設定して儲ける「価格協調」の二つ。両企業の戦略の組合せは、次頁の図におけるように4通り。各組合せにおける左下の数字は企業1の、右上の数字は企業2の利潤あるいは利得を示している。このような利得の表を利得行列と呼ぶ。

◎左上の組み合わせは、両企業とも値下げ競争に陥る囚人のジレンマと呼ばれる両企業にとって最悪のケース。もし互いに協調して価格を高めに維持できれば、右下の組合せのように共により多くの利潤が得られるにもかかわらず、お互いに信頼関係がないために協調できず、結果として両者にとって最悪の状態に陥る。

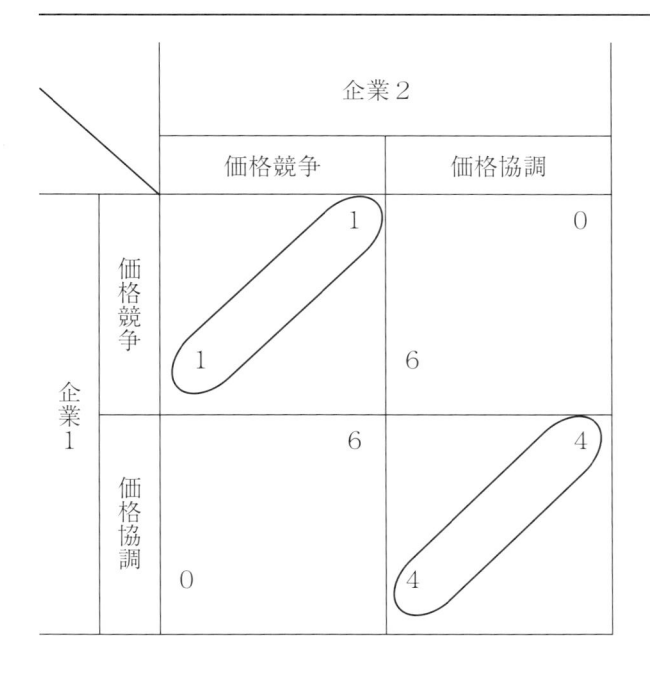

◎右下の組み合わせは、両企業が協調して価格を高めに維持して高い利潤を得る**価格カルテル（価格協定）**と呼ばれ、両企業にとって最善のケース（もっとも、ゲームに登場しない消費者にとっては最悪）。

◎右上あるいは左下の組合せは、一方が協調しているのに、他方が値下げをしたケース。値下げした企業は4通りの組合せの中で最大の利潤を上げられるが、協調した企業は最も大きな打撃を受け、利潤を失ってしまう。

	企業2	
	価格競争	価格協調
企業1 価格競争	1, 1	0, 6
企業1 価格協調	6, 0	4, 4

どちらの企業も、相手がどんな戦略を採るかを予想して、自分にとって（利潤が最大となる）最適な戦略を採ろうとする。このとき、相手がどんな戦略をとろうと、それと関係なく自分にとって最適な戦略を「**支配戦略**」という。

1. 両者が協調しなければ、必然的に価格競争が実現する。（この点に関する以下の理由を数値例で確かめること）

    なぜなら、企業1からみれば、
    ・企業2が競争を選ぶと予想すれば、自分も競争することが有利。
    ・企業2が協調を選ぶと予想しても、自分は競争することが有利。

    したがって、企業1にとっては（相手がどちらの戦略をとると予想しても）値下げ競争をすることが支配戦略。全く同じことが、企業2からみてもいえる。それゆえ、均衡はお互いが価格競争をすること、これが先に述べた囚人のジレンマである。

2. もし両者がひそかに価格協調を行うという契約を結べば、価格カルテル（価格協定）が実現し、どちらの企業も大きな利益を手にできる。

    とはいえ、カルテル行為が発覚し証拠が見つかれば、経済犯罪として当局から摘発され処罰される。その場合には、カルテルから得られる利益以上の損失をこうむるだろうから、カルテルがかえって損失を招くことになる。

(2) 繰り返しゲーム

以上のように、囚人のジレンマでは協調が起こらない。しかし、それはゲームが1回限りだからである。現実には、企業間の価格競争は毎期繰り返される。囚人のジレンマが毎期、将来まで繰り返されるわけである。1回限りであれば競争しか考えない企業であっても、毎期同じゲームを同じ相手と繰り返す場合には、互いに協調して利潤を享受しあうインセンティブ（誘因）が働くかもしれない。このような無限回（あるいは**不特定回数の**）**繰り返しゲーム**では、単なる口約束によって価格協調が実現される

可能性がある。

　以下では、その典型例として、自動車や産業機械向け主要部品の一つであるベアリング（軸受け）業界における価格協調ゲームを取り上げよう。簡単化のために、ベアリング市場には2企業しかなく、ゲームの利得行列はp.33におけるそれと同じである。

★トリガー戦略

　契約書を交わす代わりに、両企業がお互いにトリガー戦略を実行する、という口約束をしたとする。ここで**トリガー（引き金）戦略**とは、これまで価格協調を続けてきて、今回どちらかが値下げ（価格競争を）したら、次回以降はお互い協調をやめてずっと価格競争を選ぶ、という戦略である。

　このとき、お互いが約束を守って価格協調を続けていれば、それぞれが毎期4の利潤を得る。しかし、一方の企業が何らかの理由で約束を破れば（値下げをすれば）、翌期以降、どちらの企業も価格競争に陥ってしまう。協調を維持したときの毎期4の利潤と比べて、裏切って値下げした企業はその期だけ6の利潤を得ても（2だけ得をしても）、翌期以降は囚人のジレンマに陥り、毎期1の利潤しか得られない（毎期3の損をする）。約束を破ったときのこのような結果をあらかじめ見通せば、どちらの企業も約束を守って価格協調を続けるだろう。

　もし企業が将来の利潤を十分に重視するならば、今期裏切ることによって協調関係が失われてしまうことの長期的損失が、裏切ることから得られる一時的利益よりも大きくなるために、価格協調（価格カルテル）が実現されるのである。価格競争のためにベアリング企業が疲弊消耗せずにすむのは、このような暗黙の価格協調のおかげである。とはいえ、価格カルテルのために納入先の企業（自動車や産業機械メーカー）にとっては望ましくない高いベアリング価格が成立し、それを政府当局が取り締まることが困難なのは、このような暗黙の協調を背景にした事情があるからである。

★しっぺ返し戦略

　無限回（あるいは不特定回数の）繰り返しゲームでは、先に述べたように、プレイヤーが将来の利得を十分に重視する場合には、トリガー戦略がゲームの均衡戦略になる。しかし、プレイヤーが将来のことを十分重視しなければ、トリガー戦略は均衡戦略ではなくなり、プレイヤーはトリガー戦略から逸脱することになる。繰り返しゲームにおける他の戦略として「しっぺ返し」と呼ばれる戦略があることが知られている。

　しっぺ返し戦略とは、最初は協調から始め、その後は相手が前回協調すれば今回こちらも強調し、相手が前回裏切れば今回こちらも裏切る、というものである。つまり、相手が前回採った同じ戦略を今回こちらも採るという単純で明快な戦略である。政治学者のロバート・アクセルロッドは、囚人のジレンマを繰り返すように設計された多数の様々なコンピュータ・プログラムを集めて戦わせるゲームを行った。その結果、上記のしっぺ返し戦略が最大の利得をもたらすという意味で最も望ましい戦略であることが、実験の結果から明らかにされている。

　しっぺ返し戦略は寛大な許しの戦略である。というのは、相手が裏切ったとき、報復するのは1回限りであり、もし相手が裏切りをやめて協調に戻るならば、こちらも許して協調に戻るからである。

基礎マクロ経済学

講義ノート

目　次

第Ⅰ部　序　論

Ⅰ　マクロ経済学とは
　（1）マクロ経済学の意義　　（2）マクロ経済モデル

Ⅱ　GDP（国内総生産）の概念とGDP統計
　（1）GDPの概念と関連する諸変数　　（2）名目GDPと実質GDP
　（3）GDP統計における生産・分配・支出面

Ⅲ　総需要・総供給とマクロ経済の均衡
　（1）長期において有効な調整方法：価格調整
　（2）短期において有効な調整方法：不十分な（粘着的な）価格調整あるいは数量調整

第Ⅱ部　短期分析

Ⅳ　家計の消費
　（1）ケインズ型消費関数　　（2）消費関数に関する他の主要な理論：長期

Ⅴ　企業の投資
　（1）投資とは何か　　（2）投資の期待収益　　（3）最適投資水準の決定と投資曲線
　（4）投資曲線のシフト

Ⅵ　国民所得の決定と乗数理論
　（1）総需要と総供給についての仮定　　（2）均衡国民所得の決定　　（3）乗数理論
　（4）景気対策としての財政政策
　【コラム】政府債務危機脱却への処方箋

Ⅶ　マクロ経済の短期均衡――ケインズ派のモデル
　（1）実質貨幣残高と実質賃金：実質の概念　　（2）総需要曲線　　（3）短期の総供給曲線
　（4）マクロ経済の短期均衡
　【コラム】90年代以降10数年にわたった日本経済の長期停滞

第Ⅲ部　長期分析

Ⅷ　マクロ経済の長期均衡――新古典派のモデル
　（1）長期の定義：再論　　（2）生産要素（労働と資本）市場の長期均衡
　（3）財市場の長期総供給曲線　　（4）財市場の長期均衡
　【コラム】マクロ経済における価格メカニズムについて

第IV部　失業と労働市場

IX　失業の理論

(1)　短期における非自発的失業　　(2)　摩擦的失業

【コラム】非自発的失業の原因について

参考文献

基礎ミクロ経済学と同様に、参考文献は文章による説明と図解だけで十分理解できるものを優先して3点だけあげておきます。

・N・グレゴリー・マンキュー（足立，地主，中谷，柳川　共訳）
　　『マンキューマクロ経済学 I 入門編（第3版）』東洋経済新報社　2011.
　　（『マンキューマクロ経済学 II 応用編（第3版）』東洋経済新報社　2012)
・中谷巌『入門マクロ経済学　第5版』日本評論社　2007.
・吉川洋『マクロ経済学　第2版』岩波書店　2001.

　　マンキューの I 入門編と II 応用編は、最もよく知られた標準的とされるテキストの一つです。但し、後者の応用編はこの講義ノートを学んだ後に学ぶべき中級の内容を取り扱っています。

　　基礎マクロ経済学のノートでは特に参考にした文献はありませんが、特に以下の4か所の内容は筆者独自の工夫あるいはオリジナルな問題意識にもとづいています。それらは I 章(1)，VI章(4)そしてVIII章とIX章のそれぞれのコラムです。

第Ⅰ部　序　論

Ⅰ　マクロ経済学とは

・経済学の基礎理論には伝統的にミクロ経済学とマクロ経済学があるが、既に「基礎ミクロ経済学」でミクロ理論の基礎を学んだので、この「基礎マクロ経済学」ではマクロ理論の基礎を学ぶ。
　<u>マクロ経済学は産出量、物価水準、雇用量など経済全体に関わる経済変数を分析対象にし、それらの決定と相互依存の結果である失業、インフレーション、経済成長など経済全体に関わる現象を研究する経済理論の中核の一つである</u>。

・マクロ経済学は、1930年代前半に起きた世界的大恐慌に対してそれまでの（新古典派）ミクロ経済学が対処できなかった際、J. M. ケインズが『雇用、利子及び貨幣の一般理論』（通称『一般理論』）を1936年に著し、ミクロ理論とは全く異なる理論を生み出したことに始まる。

(1) マクロ経済学の意義

・ミクロ理論では無数にある個々の財・サービスの完全競争市場を対象にしたが、マクロ理論では、<u>それらを全部大づかみにして一つの財・サービスの完全競争市場とみなす（以下では、財・サービスを単に財と呼ぶ）。労働市場その他の市場についても同様である</u>。

・ミクロ理論では、個々の価格・賃金が十分に伸縮的である限り、すべての財市場と労働市場その他の市場において需給が均衡し（市場均衡）、同時にすべての財と労働その他の最適配分が実現される（市場の効率性）。完全競争的市場経済がもつこのような機能を**価格メカニズム**ないしは**市場メカニズム**という。ところで、ミクロ理論で成り立つこのような価格メカニズムが、果して先に述べたマクロの財市場と労働市場その他の市場においてもそのまま成り立つのだろうか（この点に関する検討がⅧ章のコラムにおいてなされる）。
　もし必ずしも成り立たないにもかかわらず、成り立つと想定することは重大な過ちを犯すことになる。このように、部分（ミクロ）において正しいことが全体（マクロ）においても正しいと想定してしまう誤りを、**合成の誤謬**という。マクロ経済学が単にミクロ理論を経済全体に拡張したものではなく、ミクロ経済学とは異質な独自の理論体系をもつ最大の根拠がここにある。

・実際、マクロのレベルでは価格・賃金の十分な伸縮性が保証されるとは限らず、それらが何らかの理由で硬直的であれば、先に述べた価格メカニズムは働かず、マクロの不均衡が存続することになる。たとえば、価格・（実質）賃金がいずれも均衡水準より高く硬直的であれば、財と労働市場は

ともに超過供給にあり、**財需要の不足**とそれに対応する**失業**が発生して経済は**不況**に陥る。1930年代前半の世界的大恐慌ではこのような不況が極めて深刻な状況にあり、価格メカニズムを信奉するそれまでの新古典派ミクロ経済学はなす術がなかった。このような背景の下で、<u>ケインズは『一般理論』の刊行を通じて全く新しいマクロ理論的アプローチを打ち出し、上記のような不況の原因を価格・賃金の非伸縮性の下での需要の不足に求めたのである。</u>

(2) **マクロ経済モデル**

・<u>ミクロ経済学におけると同様にマクロ経済学でも、仮定にもとづいた図や式からなるモデル（模型）を用いる。**マクロ経済モデル**は、現実の複雑なマクロ経済をいくつかのマクロ変数間の相互依存関係に単純化することによって、その本質をより深く理解するためのものである。</u>

・図１－１は、マクロ経済において３つの部門ないしは主体（**家計・企業・政府**）が２つの市場（**生産物市場**と**生産要素市場**）を介して相互作用していることを示した経済循環のモデルである。図における生産物は財・サービスのことである。マクロ経済学の勉強を始めるにあたり、この経済循環をイメージとして認識するとともに、ここに出ている経済用語にまず慣れてもらいたい。

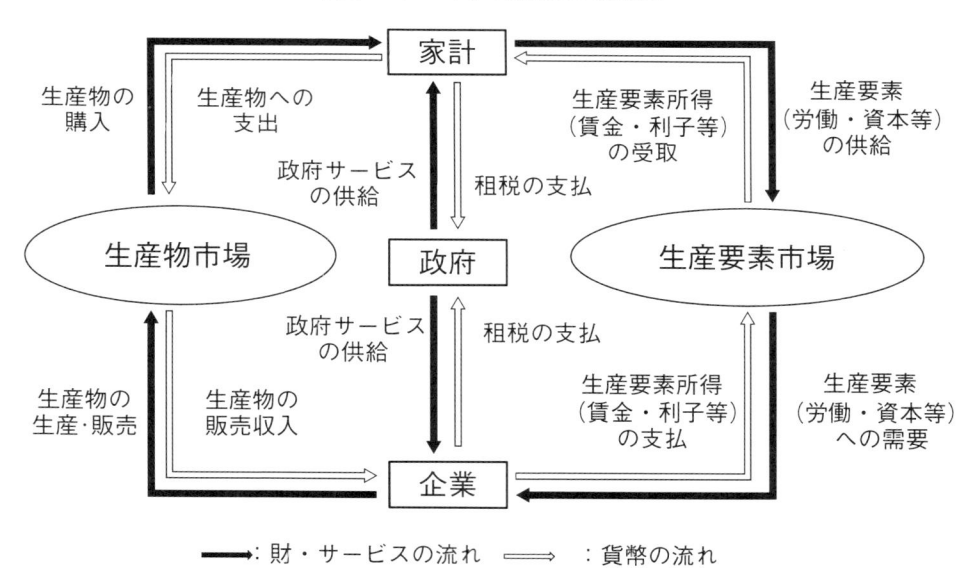

図１－１　マクロ経済の循環図

```
              家計
  生産物の   生産物への      生産要素所得    生産要素
   購入       支出           （賃金・利子等）（労働・資本等）
                              の受取          の供給
          政府サービス  租税の支払
           の供給
  生産物市場        政府        生産要素市場
          政府サービス  租税の支払
           の供給
  生産物の   生産物の        生産要素所得    生産要素
  生産・販売  販売収入       （賃金・利子等）（労働・資本等）
                              の支払          への需要
              企業
```

⟶：財・サービスの流れ　⟹：貨幣の流れ

（注）上図において、企業の所有者は家計に属していることが想定されている。
　　　また、貨幣や株式・債券等を取引する金融市場は簡単化のために略されている。

Ⅱ　GDP（国内総生産）の概念とGDP統計

(1) GDPの概念と関連する諸変数

・**国内総生産**（Gross Domestic Product：**GDP**）とは、一定期間（たとえば1年間）に国内で新しく生産された財・サービスの総額のことである。経済学でいう財・サービスとは商品のことを意味し、単に財という場合が多い。また以下では、財・サービスを生産物ともいう。

・企業も家計も国境を越えてさまざまな経済活動を展開しているが、GDPは国内の生産額だけを集計したものである。これに日本人が海外から受け取った（賃金・利子・配当などの）**要素所得**を加え、逆に海外に支払った要素所得を差し引いたものを**国民総生産**（Gross National Product：GNP）という。

・GDPのように一定期間（1年または四半期）で測定されるデータは時間を伴う概念なので、このような変数を**フロー**（流れ・流量）という（四半期は年間の4分の1にあたる）。所得、消費、貯蓄、投資、財政赤字、貿易収支などは、いずれもフローである。

・これに対して、一時点で測定される変数を**ストック**（存在量）という。経済学でいう貯蓄とは、所得のうち消費せずに残したものだからフローであり、ストックとしての貯蓄については貯蓄残高という。つまり、ストックは過去のフローの累積である。

・同様に、過去の物的投資（経済学では、建物、設備、在庫など物的資産の購入のこと）の累積を**資本ストック**あるいは単に**資本**という。ストックの例として、他にマネーサプライ（貨幣供給量）、国債残高、対外純資産、労働力人口などが挙げられる。

(2) 名目GDPと実質GDP

・GDPを測る指標として名目GDPと実質GDPがある。**名目GDP**は通常の金額表示の、言い換えれば時価表示のGDPである。それに対して、**実質GDP**は物価水準の変動を除いた正味のGDPであり、それを計測するための2通りの方法がある。

・ひとつの方法は、経済統計上の方法である。これはある一定の基準年の価格を用いて各年の実質GDPを測るものである。すなわち、
　　経済統計上の実質GDP＝（基準年の各財の価格×各財の生産量）の集計額
である。これは、すべての財の価格が基準年価格で一定なので物価水準の変動が除かれ、各財の生産量それゆえ総生産量のみの変動を反映している。ただし、この実質GDP自身は生産量そのもの

ではなく、生産額であることに注意しょう。

・もうひとつの方法は、実質GDPを数量概念で表示する、直感的にわかりやすい簡単な方法である。GDPに限らずすべての経済変数の実質値を表現する際、理論的分析ではもっぱらこの方法が用いられる。このノートのIV章以降の本論でも同様である。

それを説明するために、すべての財・サービスの価格を総合した経済全体の平均価格を**一般物価水準**と呼びPで表し、経済全体の総生産量をYで表す。そうすれば、各年の名目GDPはP・Yなので、

数量概念表示の実質GDP ＝ 名目GDP ／ P （＝ Y）

である。名目GDP（P・Y）はその実際の値打ちである実質価値を反映しない。なぜなら、一般物価水準Pが高い程あるいは低い程、P・Yは増加するかあるいは減少し、その実質価値である生産量Yを直接反映しないからである。それゆえ、実質GDPは名目GDPをPで割った上式で表され、直接生産量そのものを意味する。

・また、簡単化のために上記の第1の方法を用いると、ある一定の基準年の価格をP_bとすれば、各年の名目GDP／同じ年の実質GDP＝PY/P_bY＝P/P_bなので、この比率は基準年からの物価変動を測る物価指数になる。これはすべての財・サービスの一般物価指数にあたり、統計上**GDPデフレータ**と呼ばれる。

GDPデフレータ ＝ 名目GDP ／ 実質GDP

・年々のGDPの変化率を**経済成長率**という。経済成長率には**実質成長率**と**名目成長率**があり、両者の間には（上式から）次のような関係が成り立つ（説明は略）。

実質経済成長率 ＝ 名目経済成長率 － GDPデフレータの変化率（一般物価指数の変化率）

【コラム】日本経済の成長と停滞

GDPはその国の経済力を表し、日本は60年代後半から2010年に中国に抜かれるまで、長らくアメリカに次ぐ世界第2位の経済大国と呼ばれてきた。しかし、GDPがいくら大きくても一人ひとりの国民の暮らしが豊かであるとは限らない。そこで、暮らしの豊かさの指標としては、GDPそのものよりも**国民1人当たりのGDP**をみるほうが適切である。今から120年程前、1890年の日本の国民1人当たり実質GDPは842ドル（1985年価格）で、これは現在のインドとほぼ同レベル、当時のアメリカの約4分の1の水準であった。その後、第二次世界大戦による中断はあったものの、日本の1人当たり名目GDPは順調に成長を遂げ、1987年にはアメリカを抜き、バブル経済の絶頂であった1988年には世界第3位にまでのぼりつめた。以後、1990年代は「失われた10年」といわれる長期不況に苦しんだが、それにもかかわらず米ドル換算の日本の1人当たりGDPは、円高にも助けられ90年代を通じて世界のベスト10にとどまり続けた。

ところが、2000年代に入って状況は一変し、2000年の3位から5位、7位、10位、11位、14位と坂道を転げ落ちるように年々順位を下げ、2007年にはOECD30カ国中の19位にまで落ちた。その主な原因は、デフレ（物価水準の持続的下落）による名目GDPの伸び悩みである。1997年に407.1万円でピークに達した日本の1人当たり名目GDPは、その後のデフレ不況の中で一進一退を繰り返し、2010年に至っても374万円と10年前を大きく下回っている。デフレは日本経済と日本人の生活の各方面に大きな影響を及ぼしているが、日本経済の規模とその国際的な地位に与えた影響はとりわけ深刻であった。

(3) **GDP統計における生産・分配・支出面**

・以下の説明は、経済統計上の厳密な定義にしたがうよりも、その概念や考え方をできるだけ分かりやすく説明することに重点を置いている。

・(1)節で述べたように、GDPは一定期間内に国内で新しく生産された財・サービスの総額のことである。GDPのこの定義は<u>生産面</u>からみた概念であるが、次のように考えると最もわかりやすい（以下、図2－1を参照）。<u>経済には無数の企業が存在するが、各企業の生産額から原材料費（あるいは仕入れ費用）を除いた残りが、その企業が新しく生産した正味の生産額であり、その企業の付加価値という。それゆえ、GDPは各企業の付加価値を経済におけるすべての企業について集計したものであるということができる。</u>

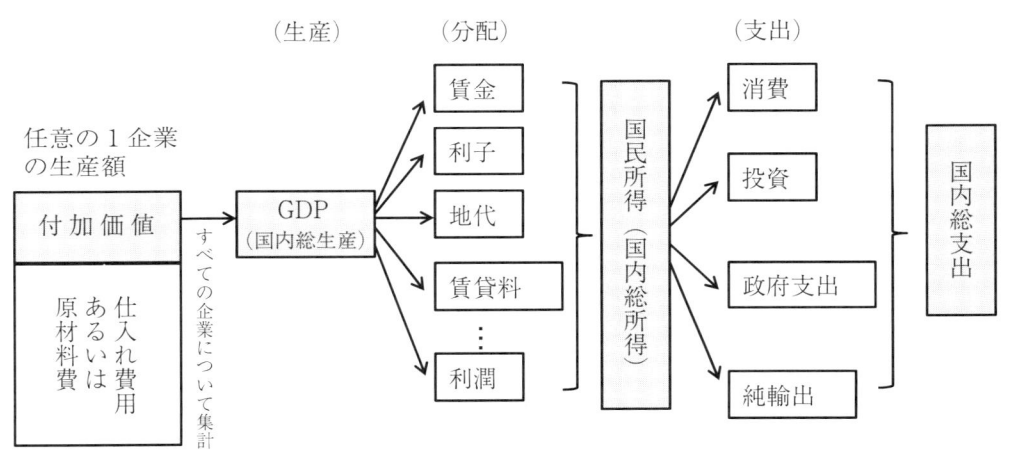

図2－1　GDP統計における生産・分配・支出面

生産（＝所得）＞支出→売れ残りを支出の中の企業の在庫投資に算入　　　⇒　生産＝所得＝支出
生産（＝所得）＜支出→支出の超過分を支出の中の企業の在庫投資から控除

・次に、このGDPはそれを生み出すのに参加したあらゆる経済主体にそれぞれの<u>所得</u>として分配される。たとえば、労働者には賃金が、資金の供給者には利子が、土地や物件の供給者には地代や賃貸料が、…そして企業には利潤が分配されるのである。こうしたGDPの生産に参加したすべての主体の所得の合計を**国民所得**（あるいは**国内総所得**）という。それゆえ、生産されたGDPは、<u>分配面</u>ではそれと同額の所得を生み出す。

・この国民所得（国内総所得）は、最後に家計、企業、政府そして海外のそれぞれの需要を満たすために支出される。**消費支出**は主として家計の消費であり、**投資支出**は企業の投資（設備投資と在庫投資）そして家計の住宅投資である。**政府支出**は、国民に対する公共サービスの提供と公的施設への公共投資からなる。政府支出は市場を通じて供給されないので価格が形成されず、それゆえ必要な経費で測られる。海外の需要（外需）は輸入を除いた**純輸出**である。<u>国民所得（国内総所得）が支出される以上の支出項目の合計を国内総支出という</u>。

・<u>ところで</u>、生産面におけるGDPは分配面における国民所得（国内総所得）に等しいが、それらが支出面における国内総支出に等しくなる保証はない。要するに、<u>生産＝所得であるが、それは事前には支出と一般には一致しない</u>。ところがGDP統計では、**図２−１**で示されているように、<u>生産＝所得が必ず支出と一致するように作られており、その結果として生産＝所得＝支出という事後的な恒等関係が成立している</u>。この統計上の事後的恒等関係を**「三面等価の原則」**という。

Ⅲ 総需要・総供給とマクロ経済の均衡

・経済の総生産物への需要を**総需要**、経済の総生産物の供給を**総供給**と呼ぶ。総供給のうちでも、既存の生産技術の下で生産要素である労働と資本が完全雇用された場合のGDPを、以下では**完全雇用生産量**と呼ぶ。（これは、所与の技術の下で生産要素の各存在量を投入して得られる生産可能な最大の生産量とは一般に異なることに注意）総需要と完全雇用生産量が不均衡であるとき、両者が調整される仕方として、通常は短期と長期で異なる方法が想定される。以下で価格とは、すべての財の価格を平均した**一般物価水準**のことをいう。

(1) 長期において有効な調整方法：価格調整

・総需要と完全雇用生産量が不均衡にあるとき、両者が均衡して完全雇用が実現されるようになるまで価格が十分に伸縮的である期間を**長期**と定義する。

・長期においては、以下のような**価格調整**によって両者の不均衡が調整されると想定する。
（このことは、第8章の新古典派長期均衡モデルにおいて学ぶ）

超過供給の場合

完全雇用生産量＞総需要（経済全体として生産物の売れ残りが発生）
　　　↓
物価↓によって総需要↑
　　　↓
完全雇用生産量＝総需要　→　完全雇用が実現

超過需要の場合

総需要＞完全雇用生産量（経済全体として生産物の不足が発生）
　　　↓
物価↑によって総需要↓
　　　↓
総需要＝完全雇用生産量　→　完全雇用が実現

・第8章で改めて定義するが、長期では生産要素である労働の存在量と資本ストックそして生産技術水準が既存の水準で一定と仮定される（それらの水準が変化する期間は超長期と呼ばれ、経済成長論が対象とする期間である。経済成長論は「マクロ経済学」において学ぶことにする）。

(2) **短期において有効な調整方法：不十分な（粘着的な）価格調整あるいは数量調整**

- 総需要と完全雇用生産量が不均衡にあるとき、両者が均衡して完全雇用が実現されるほど価格は十分に伸縮的ではない、あるいは粘着的である期間を**短期**と定義する。

- 短期では、**不十分な（あるいは粘着的な）価格調整**でも総需給は均衡する。しかし、その均衡水準は一般に完全雇用生産量以下にあり、その差に対応して労働市場に失業が存在する。（このことは、第7章のケインズ派短期均衡モデルにおいて学ぶ）

- あるいは簡単化のために、価格は短期では完全に硬直的（一定）と仮定する。この場合、需給の均衡は以下のような**数量調整**によって達成される。（このことは、第6章のケインズ派の中で最も単純な45度線図モデルにおいて学ぶ）

$\boxed{\text{超過供給の場合}}$

完全雇用生産量＞総需要（売れ残りが蓄積）
↓
各企業は生産量を売れる分しか作らないように減少させる。
↓
現実の総供給＝総需要

$\boxed{\text{超過需要の場合}}$

総需要＞完全雇用生産量（品不足が持続）
↓
現実の総供給＝完全雇用生産量

第Ⅱ部　短期分析

・第Ⅱ部では、賃金・物価が硬直的であるか、あるいは十分に伸縮的ではない（粘着的な）短期のマクロ経済分析を取り上げる。まず、本章では総需要のうちの最大の構成要素である家計消費の理論について説明する。

Ⅳ　家計の消費

・マクロ経済における家計の消費行動を説明する理論は、一般に**消費関数の理論**といわれる。消費関数は、ケインズが『一般理論』において初めて用いた概念である。

(1) ケインズ型消費関数

・ケインズは『一般理論』の中でさまざまな消費決定要因を考察しているが、結局のところ、今期の家計消費を決める最も重要な要因は、今期の所得であると考えた。

・いま、家計の消費支出をC、その税引き後の所得（**可処分所得**）をYと表すと、**ケインズ型消費関数**は次のように定式化される。

$$C = C_0 + cY$$

ここで、C_0、c はいずれも正の定数である。**消費関数の定数項 C_0 を基礎消費**、その傾き c を**限界消費性向**と呼ぶ。これらを図で表すと、図4－1のようになる。

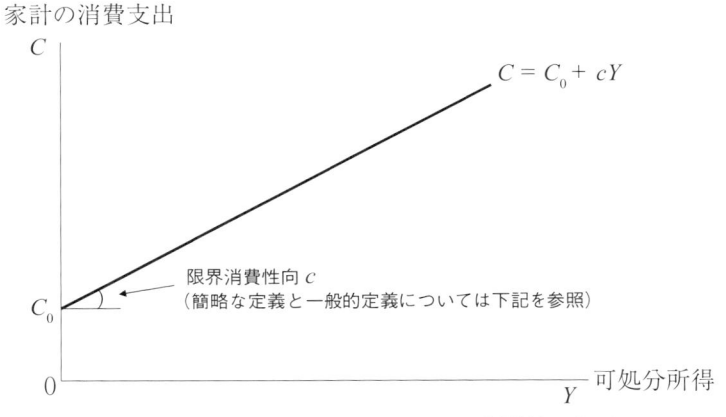

図4－1　ケインズ型消費関数

・基礎消費 C_0 とは、所得 $Y=0$ のときの C の値であり、消費関数の切片にあたる。仮に所得がまったくなくても、人々が最低限必要とする消費額のことである。

- 限界消費性向 c の簡略な定義は、所得が任意の水準から1単位増加するとき、消費の増加が占める比率をいう。家計は所得の増加をすべて消費の増加にはあてず、一部は貯蓄に回す。したがって、マクロ経済では通常 $0 < c < 1$ である。

- 限界消費性向 c の一般的定義は、Y の変化分に対する C の変化分の比率であり、$\Delta C / \Delta Y$ と表わされる（Δ はデルタと読み、変化分を表す）。$\Delta Y = 1$ のときが、上記の簡略な定義にあたる。

- また、総額としての消費と所得の割合 C/Y は平均消費性向という。図4−2で示されているように、平均消費性向 C/Y は $Y = Y_1$ のとき C_1/Y_1（＝線分OAの傾き）であり、$Y = Y_2$ のときは C_2/Y_2（＝線分OBの傾き）である。それゆえ、C/Y は Y が増加するにつれて減少する。即ち、短期のケインズ型消費関数では、平均消費性向は所得の増大とともに低下する。

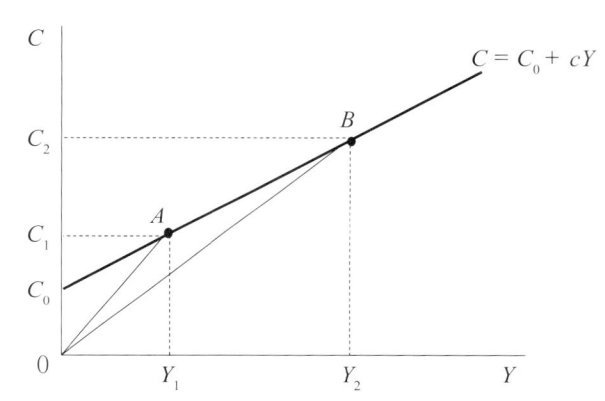

図4−2　平均消費性向とその変化

- この特徴は現実のデータとよく適合する。たとえば、任意の一定時点における所得階層別のデータ（横断面データ）によれば、所得の高い家計ほど平均消費性向は低くなる。また、時間の経過の下での所得と消費のデータ（時系列データ）によれば、所得が減少するほど景気が悪化すれば、平均消費性向は上昇する。

(2) 消費関数に関する他の主要な理論：長期

- ケインズ型消費関数は、上で述べたように平均消費性向が変動的な短期においてよく当てはまる。しかし、S.クズネッツらによって、長期時系列データでは、平均消費性向はほぼ一定であること、言い換えれば消費関数が $C = cY$ と表されることが知られている。これは、長期における家計の消費行動が短期の場合とは異なることを示唆している。長期における消費関数の理論には、恒常所得仮説とライフサイクル仮説と呼ばれる2つの主要な理論が存在するが、第II部はもっぱら短期分析を取り扱うので、これらは「マクロ経済学」で学ぶことにする。

V 企業の投資

(1) 投資とは何か

・投資は、消費と並ぶ総需要の重要な構成要素である。マクロ経済学では、**投資**は資本形成とも呼ばれ、大きく**固定資本投資**と**在庫投資**に分かれる。さらに固定投資は、民間の**設備投資**と**住宅投資**、および政府が行う**公共投資**に分けられる。

・一般に、投資は消費に比べるとGDPに占めるシェアは小さいものの、その変動の大きさは消費よりはるかに大きく、民間企業の在庫投資や設備投資は**景気循環**の主因であるといえる。投資が大きく変動する理由は、投資がそれによって得られる予想収益に大きく依存するからである。以下では、投資の中でも中核をなす企業の設備投資需要がどのように決定されるのかについてみていく。

(2) 投資の期待収益

① 投資の期待収益率とその決定要因

・いま、ある企業が1,000万円の費用をかけてある投資を行ったとき、来年1,100万円の収益が得られることが予想される（これを**期待収益**という）と仮定する。この投資から期待される利潤（＝収益－費用）は100万円であり、これを投資費用1,000万円で割ったものを、**期待収益率**（以下では、単に収益率と呼ぶ）という。この場合の収益率は10％である。

・投資の収益率 m は、投資水準 I と I 以外の要因（その典型は企業の将来への期待ないしは予想）に依存している。企業の将来への期待（予想）を任意の水準で一定と仮定して、収益率 m と投資水準 I の関係（の数値例）をグラフにしたものが図5－1である。

図5－1 投資の限界効率表

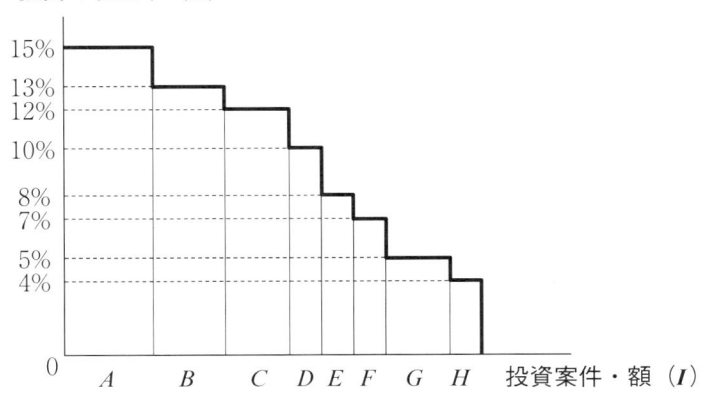

・図では、ある企業のもつ8つの投資案件が収益率の高い順に並べられている。企業は収益率の最も高いAから順に投資を実行していくので、企業が投資を増やすにつれて投資の収益率は低下していく。こうした投資水準Iと投資の収益率mに関する右下がりの曲線を**投資の限界効率表**と言い、m＝m（I｜将来への期待）と表わされる。企業の将来への期待が高まるとき（より高い水準で一定であるとき）、任意の投資水準Iに対する収益率 m はより高くなるので、投資の限界効率表は全体として上方にシフトする（より上方に位置している）。ここでは、図が複雑になるので上方へのシフトは示されない。

② 経済全体の投資の限界効率表

・経済全体の投資の限界効率表は、個々の企業のそれらをすべて水平方向に集計したものであり、図5－2のように滑らかな曲線になる（簡単化のため直線で示されている）。

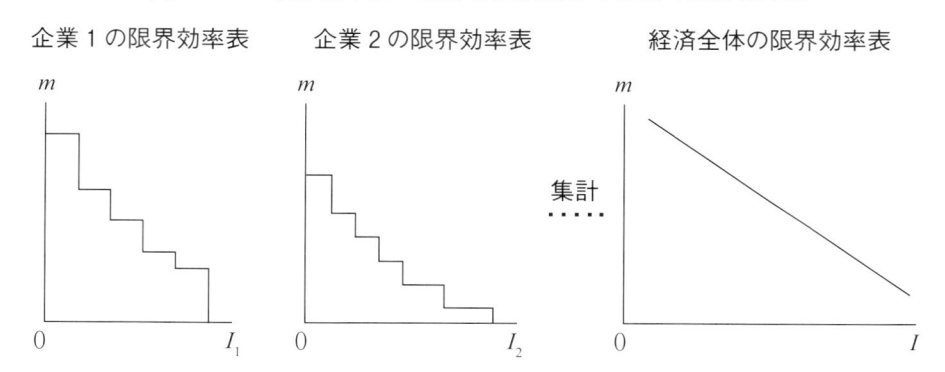

図5－2　限界効率表の集計と経済全体の投資の限界効率表

企業1の限界効率表　　　企業2の限界効率表　　　　経済全体の限界効率表

(3) **最適投資水準の決定と投資曲線**

・企業が投資をする場合、期待収益率とともに費用を考慮しなければならない。もし投資資金を銀行からの借り入れでまかない、その借入れ**利子率**が6％であるとすれば、図5－1における企業の投資案件のうちAからFまでは採算が合うが、GとHでは損失が発生してしまう。それゆえ、利子率が6％の場合、この企業の利潤が最大になるという意味で最適な投資水準は、採算の合うAからFまでの6つの案件の合計である。

・もし投資を自己資金でまかなう場合でも、説明は基本的に変わらない。たとえ企業が設備投資のための資金を自前でまかなうにしても、その自己資金をもし銀行預金にしておけば得られたであろう6％の利子収入を企業は放棄したことになる。経済学では、ある意思決定をなすために放棄したあるいは断念した所得をその決定のための**機会費用**と呼び、明確に費用とみなすので、投資資金が自己資金によるものか外部からの借入れによるものかは、分析に影響を与えない（機会費用については、「基礎ミクロ経済学」のⅠ(1)も参照）。

・図5－3は経済全体における最適投資水準の決定を示している。経済全体の投資の限界効率表は図5－2と同じである。投資の限界効率、言い換えれば収益率mは、投資水準Iに関して逓減し、利子率iは所与なのでIに関して水平である。それゆえ、m曲線とi線の交点Eでm＝iが成立し、そのときの対応する投資I*が利潤を最大化する最適投資水準である。というのは、

　I＜I*の場合

投資の収益率m＞利子率i ──→ 利潤↑ ──→ I↑ ──→ I＝I*

　I＞I*の場合

投資の収益率m＜利子率i ──→ 利潤↓ ──→ I↓ ──→ I＝I*

となって、投資はE点に対応するI*で利潤を最大化し、均衡するからである。

・図5－4から明らかなように、$i=i_1$のときの最適投資はI_1、$i=i_2$のときの最適投資はI_2というように、任意のiに対応するIは最適投資を表すので、右下がりの投資の限界効率表、言い換えれば投資の収益率曲線mは、同時に投資曲線でもある。mは将来への期待が任意の水準で所与の下でのIの関数 m＝m（I｜将来への期待）として表わされるので、投資関数も（横軸から縦軸方向に見ればわかるように）将来への期待が所与の下でのiの関数 I＝I（i｜将来への期待）として表わされる。

図5－3　最適投資水準の決定　　　　　図5－4　投資曲線

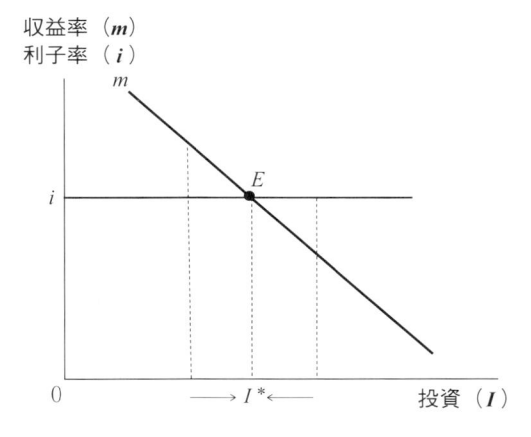

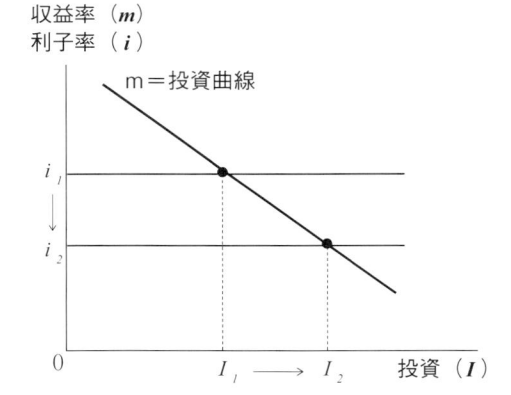

(4) 投資曲線のシフト

・本章の最後で、企業の将来への期待が変化する場合の投資への影響についてみておこう。投資関数は先にみたようにI＝I（i｜将来への期待）と表わされるので、企業の将来への期待がたとえば悪化するとき（より低い水準で一定であるとき）、任意の利子率iに対する投資水準Iはより減少する。それゆえ、投資曲線は全体として左方にシフトする（より左方に位置している）。というのは、たとえばiがi_1の水準にあるとき、i以外の要因である将来への期待が悪化すればi_1に対する投資は減少し、同じことはiがi_2その他の水準にあるときも成り立つからである（図解略）。

- この期待の悪化による投資曲線のシフトがもたらす悪影響を、90年代以降10数年に及んだ日本経済の長期停滞期に見られた設備投資の不振を事例にみてみよう。日本経済は90年代以降10数年にわたってバブル経済の崩壊による深刻な長期停滞を経験した。この期間中、政府の度重なる大規模な財政政策とともに、日銀（中央銀行である日本銀行）は金融緩和の一環として超低金利政策を継続的に実施した。ここではその政策の具体的経緯は省くが、超低金利政策が一時的な景気回復期を除いて企業の設備投資を刺激することはなかった。それどころか企業の投資は大きく落ち込むことが多かった。これは、図5－5で示されているように、金利を超低水準にまで引き下げることによる投資刺激効果よりも、経済の長期停滞による企業の将来への悲観が、投資曲線を大きく左方にシフトさせる影響の方が大きかったことを示している。

図5－5　利子率低下の効果を越える期待の悪化の影響

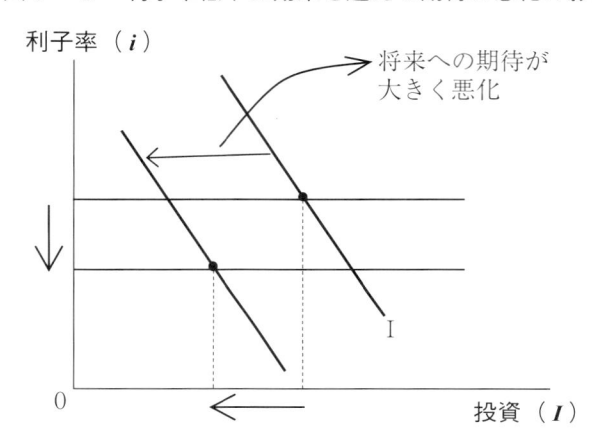

VI 国民所得の決定と乗数理論

・最初に、財市場の需給均衡条件のみを対象にして国民所得あるいはGDPの水準を決定する、ケインズ派の中で最も単純な所得決定理論である「**45度線図**」のモデルについて学ぶ。これは物価水準一定の下で数量調整による総需給の均衡を想定する短期のマクロ経済モデルである。

(1) 総需要と総供給についての仮定

・総需要（D）は事前的な、つまり計画された家計の消費（C）と企業の投資（I）だけからなるものと仮定し、簡単化のために政府および海外部門の存在は無視する。
家計消費については、Ⅳ章でみたケインズ型消費関数

$$C = C_0 + cY \qquad (6-1)$$

を仮定し、企業の投資については、単純化のため国民所得から独立した任意の一定の値

$$I = I_0 \qquad (6-2)$$

をとるものとする。それゆえ、**総需要**は

$$D = C + I$$
$$= C_0 + cY + I_0$$

である。

・一方、本章における総供給とは、実際に（現実に）生産されたGDPあるいは所得のことをいい、上記の総需要のように事前に計画されたものではないことに注意しよう。
45度線図のモデルでは計画された総供給は無視されている。

・経済モデルでは、C_0、I_0、c のようにモデルの外から与えられる任意の水準で一定の変数を**外生変数**と呼び、これから説明する国民所得 Y やそれに依存する家計消費 C のようにモデルの中でその値が決定される変数を**内生変数**という。

(2) 均衡国民所得の決定

・図6-1は均衡GDPあるいは均衡国民所得の決定について示したものであり、**45度線図**としてよく知られている。横軸に測られた変数Yは実際の（現実の）GDPあるいは国民所得であり、任意のYに対応する45度線上の点は、その同じYの水準を示している。それゆえ、45度線は現実の総供給Yを示す直線である。

それに対して、D曲線は任意のYに対する計画された総需要曲線である。D曲線の傾きは限界消費性向cで1より小なので、D曲線は現実の総供給を表す45度線とE点で交わる。

- E点では総需要と総供給が一致しているので、そのときの国民所得 Y^* は**均衡国民所得**である。以下の説明から明らかなように、現実の Y が Y^* から乖離して総需給が不均衡であっても、数量調整が働いて総需給は Y^* で均衡するようになる。

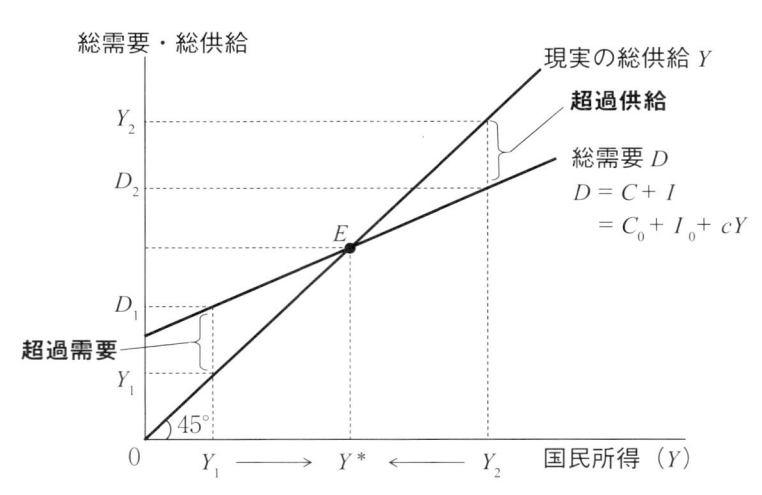

図6-1　均衡国民所得の決定

Y が Y^* より低い任意の水準たとえば Y_1 にあるとき、
　$Y_1 < D_1$（超過需要）　⟶　Y ↑　⟶　超過需要 ↓　⟶　E点に収束、$Y = Y^*$
Y が Y^* より高い任意の水準たとえば Y_2 にあるとき、
　$Y_2 > D_2$（超過供給）　⟶　Y ↓　⟶　超過供給 ↓　⟶　E点に収束、$Y = Y^*$

- それゆえ、数量調整が働く**短期**では、E点において**総需給の均衡条件**

$$Y = C + I \tag{6-3}$$

が成立する。このようにして、短期のマクロ経済では、総需要 C + I に等しい水準に国民所得 Y が決まることを、ケインズの「**有効需要の原理**」という。

- （6-1）式より $C = C_0 + cY$、（6-2）式より $I = I_0$ を仮定しているので、（6-3）式は

$$Y = C_0 + cY + I_0$$

となる。それゆえ均衡条件（6-3）式を満たす均衡国民所得は、この場合

$$Y^* = \frac{1}{1-c}(C_0 + I_0) \tag{6-4}$$

と表される。この式は、次節で詳しく見るように、独立支出である C_0 あるいは I_0 が増加すれば、その増加の $1/(1-c)$ 倍だけ均衡国民所得 Y^* が増加することを示している。

・ここでは国内の民間経済のみを対象にしているので、**貯蓄**はS＝Y－Cであり、これを（6－3）式に代入すると、

$$S = I \qquad (6-5)$$

となる。これは総需給の均衡条件（6－3）の別表現であり、**貯蓄・投資の均衡条件**と呼ばれる。

(3) **乗数理論**

・夏の暑さや原油価格の高騰など、マクロ経済を取り巻く状況の変化は景気に大きな影響を及ぼす。たとえば、夏の猛暑はエアコンやビールなどの消費需要を刺激し、当該財の生産量を増加させる。しかし、影響はこれだけにとどまらない。家電、飲料メーカーとそこで働く人々及びその生産に間接的に関わる人々の所得が増える。この生産の増加による所得の増加は他の財への二次的、三次的な需要を派生させ、それぞれの分野の生産と経済全体の所得を増加させる。このようにして需要・生産・所得は累積的に増加していく。

・図6－2の数値例を使ってこのプロセスをもう少し具体的に見てみよう。いま、再生可能エネルギーの普及促進のため政府が補助金を出したと仮定しよう。これにより太陽光パネルへの需要が100億円だけ増加したとする。有効需要の原理に従えば、太陽光パネルの生産が100億円増加し、それゆえ企業と生産に直接・間接に関わった人々の所得が100億円増加する。ここで**限界消費性向**が80%であるとすれば、この100億円のうち20億円は貯蓄に回るが、80億円は他の産業への**派生需要（第1次）**となる。この派生需要により、他の産業の生産が80億円増加し、その結果経済全体の所得が80億円増加する。これがさらなる派生需要（第2次）64億円を生む。派生需要の大きさは徐々に小さくなっていくものの、このような需要の波及過程が続く。こうした過程を**乗数過程**という。

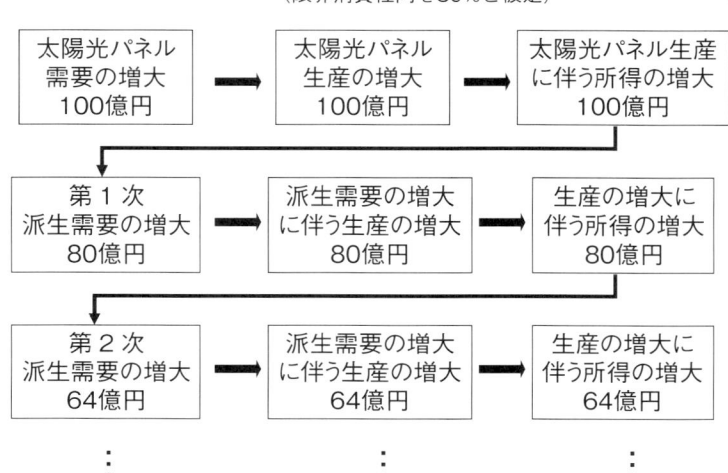

図6－2 需要増加の波及と乗数過程
（限界消費性向を80%と仮定）

太陽光パネル需要の増大 100億円 → 太陽光パネル生産の増大 100億円 → 太陽光パネル生産に伴う所得の増大 100億円

↓

第1次派生需要の増大 80億円 → 派生需要の増大に伴う生産の増大 80億円 → 生産の増大に伴う所得の増大 80億円

↓

第2次派生需要の増大 64億円 → 派生需要の増大に伴う生産の増大 64億円 → 生産の増大に伴う所得の増大 64億円

⋮　　　　⋮　　　　⋮

- 上記の乗数過程において、所得の増加の合計はいくらになるだろうか。それは100億円、80億円、64億円…という数列の合計であるが、その合計は（6－4）式から知ることができる。同式によれば、独立支出C_0の増加はその$1/(1-c)$倍だけ国民所得を増加させる。ここでは$c=0.8$なので、100億円の需要の増加は100億円×$1/(1-0.8)$＝500億円の所得の増加を生み出す。

- この$1/(1-c)$を**乗数**といい、当初の需要増加に対して、最終的に需要がそれゆえ所得がその何倍増加するか（これを**乗数効果**という）を示している。限界消費性向cが大きい（1に近い）ほど、乗数の値は大きくなる。たとえば、$c=0.8$のときの乗数は5であるが、$c=0.9$のときは、$1/(1-c)=1/0.1=10$となる。

- ところで、消費や民間投資の乗数効果は、実際には上記の数値例ほど大きくはない。というのは、図6－2において簡単化のために無視された政府と海外部門の存在のために、需要の増加がすべて国内の生産と所得の増加に結びつくわけではないからである。たとえば、需要の増加の一部は海外からの輸入品に向かい、所得の増加の一部は所得税として政府に徴収されて、それだけ派生需要が乗数過程から漏れてしまうためである。

(4) **景気対策としての財政政策**

- 景気対策としての財政政策には、歳出を調整する政府支出政策と歳入を調整する租税政策がある。後者については「マクロ経済学」で学ぶことにして、ここでは政府支出政策について簡単に言及しておこう。

- 政府支出の乗数効果は、民間需要である消費や投資の乗数効果よりはるかに小さい。90年代以降10数年に及んだ日本経済の長期停滞期に、政府は1992年から2002年まで17回に分けて総事業規模135兆円、うち公共投資が52兆円にのぼる景気対策を実施したが、それによって日本経済の成長率が目に見えて回復することはなかった。このことは、現実には政府支出の乗数効果があまり期待できないことを示している。近年の政府の推計でも、公共投資の乗数は1をわずかに上回る程度である。つまり、公共投資を増加させたとき、その分だけGDPは増加しても、図6－2にあるような派生需要への波及効果は、殆んど働かないということである。

- それでは、なぜ政府支出の乗数効果は小さいのだろうか。その理由として、人々の将来への期待（予想）の果たす役割が決定的に大きいということが考えられる。一般に、経済が高度成長期にあるとき人々の将来への期待は大きい。しかし、経済が低成長期に入り、特に90年代以降の長期停滞期や08年秋の「リーマン・ショック」後の深刻な世界的不況の下では、所得の伸び悩みや減少、失業率の上昇、雇用不安などが人々の将来への期待を大きく悪化ないしは悲観的にさせる。この将来への不安や危機感が、政府支出の増加の派生需要誘発効果を大きく削いでしまうのである。

・さらに、将来への期待と関連して近年強まっている要因として、将来の税負担の増加への家計の懸念がある。通常、政府はその支出を増加させるための財源として国債を発行するが、それは政府債務の増加を意味し、将来におけるその返済は結局のところ人々の税負担の増加に求められる。それゆえ、国債発行による政府支出の増加は人々に将来の増税を予想させ、それが人々の現在の消費を抑制し、現行の政府支出政策の有効性を大きく削いでしまうのである。国債発行が度重なれば政府債務が累積的に増加していく懸念があり、近年のマクロ経済政策は、財政政策よりも金融政策を中心に運営される傾向が強まっている。しかしながら、「リーマン・ショック」後の世界的金融危機に伴う先進国を中心にした世界同時不況のような場合には、金融政策だけでは明らかに限界があり、財政政策も必要不可欠となる。（もし当時の特に米欧の先進国が大掛かりな財政出動に踏み切っていなかったら、世界経済は恐慌に陥ったであろう可能性を誰も否定することはできないだろう）また、中長期的にみた経済の活性化と成長のために重要な分野への公共投資として、財政政策は金融政策に劣らず重要で不可欠のマクロ経済政策であるということができる。

【コラム】政府債務危機脱却への処方箋

米欧の多くの先進国は上述の世界同時不況を克服するために過剰な政府債務を抱えるようになり、日本はそれ以前の90年代以降の長期停滞期に財政出動を繰り返した結果、既に先進国の中でもずば抜けて高い比率の政府債務を抱えている。そのために、多くの国が政府債務問題を解決しようとして財政緊縮策（増税と歳出の抑制）に傾いているが、緊縮策による景気後退と、それによる税収の落ち込みによって財政が一層悪化するというジレンマに直面している。

ロバート・シラー　エール大学教授は、こうした経済危機脱却の処方箋として最近の日本経済新聞で次のように述べている。（2012.5.20付　日経新聞「時論　世界経済危機脱却の処方箋は」）「歳出入が均衡した景気刺激予算という道があるはずだ。40年代にサミュエルソンとサラントが増税と歳出の拡大を同時に実現すれば、政府債務は膨張しないと論じている」と。増税の景気抑制効果と歳出拡大の景気刺激効果が相殺しあい、少なくとも景気は悪化せず、政府債務は増大しない、という意味である。「日本の債務残高の対GDP比率は世界的に見て極めて高い。政府がこれ以上債務を増やさないという責任ある姿勢を示して増税を実施し、同時に政府支出を増やすべきである。その際、将来の成長につながる科学技術などへの投資型支出が重要である。大切なことは増税と投資型支出の拡大を同時に打ち出すことであり、財政緊縮自体を最優先に急ぐ必要はない」と。

シラー教授のこの処方箋は経済学的には妥当であっても、増税と歳出拡大に対する政治的障害を考慮すれば実行は困難であるが、傾聴に値するものがあるというべきである。

Ⅶ　マクロ経済の短期均衡 ── ケインズ派のモデル

・前章では、簡単化のために価格あるいは物価水準を一定と仮定したが、本章では第Ⅱ部の短期分析のまとめとして、価格が可変的である、ケインズ派の中で最も一般的な所得と価格の決定理論であるAD－ASモデルについて学ぶ。これは、伸縮的ではあるが不十分な価格調整でも、総需給が完全雇用水準以下で均衡する短期のマクロ経済モデルである。

(1) 実質貨幣残高と実質賃金：実質の概念

・最初に、以下で説明する総需要曲線に出てくる実質貨幣残高と総供給曲線に出てくる実質賃金という実質変数の概念について説明しておこう。

・個人と企業は手元と銀行口座に貨幣を持ち、銀行も手元と中央銀行の口座に貨幣を持っている。こうした民間の経済に出回っている通常の金額表示の貨幣総額を名目の貨幣残高と呼び、Mで表す。名目貨幣残高Mの実際の価値（実質価値）は、物価水準Pが高い程低く、低い程高い。それゆえ、実質貨幣残高は M／P で表わされる。
　これは次のように考えればわかりやすい。マクロ理論における財とは、経済にある無数のすべての財を全部大づかみにして一つの財とみなすものであり、その価格はすべての各財の価格を平均した一般物価水準Pである。それゆえ、実質貨幣残高M／Pは名目の貨幣残高Mで価格がPの財をいくら買えるか、言い換えれば名目貨幣残高Mの実際の購買力を示しているという意味で、名目貨幣残高の実質価値を表している。（この実質概念の表示は、Ⅱ章(2)節でみたように、もしMの代わりに名目GDPであれば、実質GDPは名目GDP／Pと表わされることと基本的に同じである）

・実質賃金の概念も実質貨幣残高のそれと同様である。実質賃金W／Pは（通常の金額表示の）名目賃金Wで価格がPの財をいくら買えるか、名目賃金の実際の購買力を示しているという意味で、名目賃金の実質価値を表している。

(2) 総需要曲線

・総需要曲線は一般物価水準と経済のすべての財への需要量との関係、言い換えれば任意の物価水準の下での総需要量を表す。総需要曲線は図７－１のように右下がりの曲線で示される。他の条件が不変である限り、物価水準が下落すると総需要量は増加する（逆は逆）。

① 総需要曲線が右下がりになる理由

・総需要量は家計の消費、企業の投資、政府支出そして純輸出からなっているが、ここでは簡単化のために、総需要は消費と投資の合計のみであると仮定する。

- 総需要曲線が右下がりになる理由として、以下の二つの効果が知られている。ひとつは、**実質残高効果**あるいはそれを強調した経済学者の名をとって**ピグー効果**という。物価水準Pが下落すると実質貨幣残高 M／P が増加する。人々は貨幣資産の増加によってより豊かになったと感じ、消費Cを増やそうとする。それゆえ、総需要量ADが増加する。

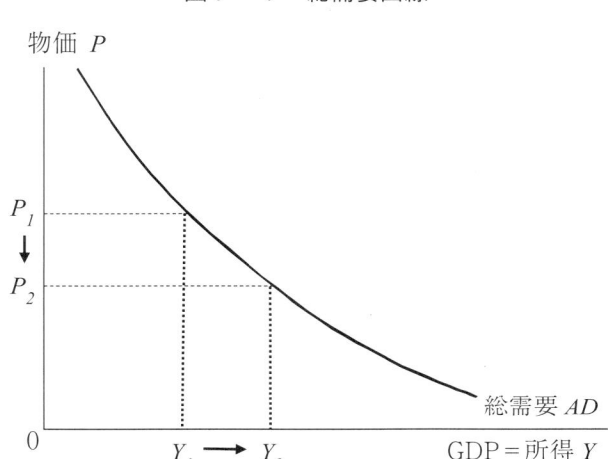

図7－1　総需要曲線

- もう一つの効果は（ケインズの）**利子率効果**である。物価水準Pの下落による実質貨幣残高M／Pの増加は、貨幣供給量の増加によって経済全体の貨幣需給が緩むことを意味する。その結果、貨幣の需給、言い換えれば貨幣の貸し借りの際の「料金」に相当する利子率 i が低下する。利子率 i の低下は、Ⅴ章で学んだように、企業の投資 I を増加させ,それゆえ総需要量ADが増加する。

- 総需要曲線が右下がりになる二つの効果をまとめて図示すれば、以下のようになる。

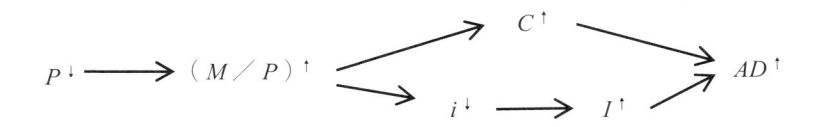

$$P\downarrow \longrightarrow (M/P)\uparrow \begin{array}{c} \nearrow C\uparrow \searrow \\ \searrow i\downarrow \longrightarrow I\uparrow \nearrow \end{array} AD\uparrow$$

② 総需要曲線のシフト
- 経済のすべての財への総需要量は、物価水準だけではなく、物価水準以外の要因にも依存している。右下がりの総需要曲線は、物価水準以外の要因をすべて任意の水準で一定にして、物価水準のみが変化する場合の総需要量の逆方向への変化を示している。物価水準以外の要因として、民間部門の行動や財政・金融政策のような政府の政策がある。これらの要因が変化すると（異なる水準で一定であると）、任意の物価水準に対する総需要量が変化するので、総需要曲線はシフトする（右方あるいは左方に位置している）。（図解略）以下では、総需要曲線のシフトの例を二つだけ挙げておこう。

・環境・エネルギー分野の技術革新によって、例えばエコカーや太陽光発電装置などの価格が大幅に下がり普及期を迎えると、それらへの需要が急増する。任意の物価水準に対する総需要量の大幅な増加は総需要曲線を大きく右方にシフトさせる。

・政府による所得税の減税は家計の可処分所得を増加させ、それによって家計の消費が増加するだろう。消費の増加は任意の物価水準に対する総需要量を増加させるので、総需要曲線は右方にシフトする。逆に、所得税の増税は消費を減少させるので、総需要曲線は左方にシフトする。

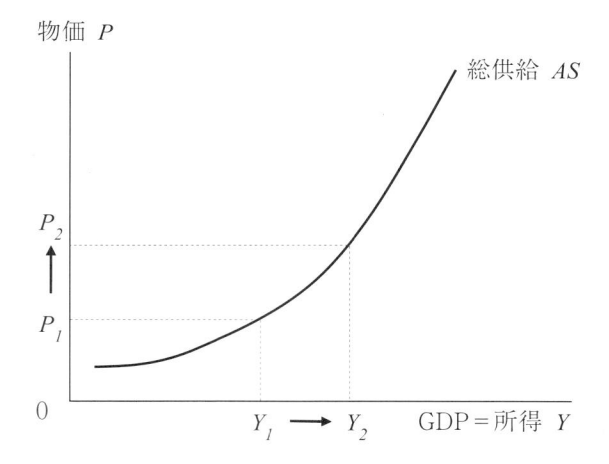

(3) 短期の総供給曲線

・**総供給曲線**は一般物価水準と経済におけるすべての財の供給量との関係、言い換えれば任意の物価水準の下での総供給量を表す。図7−2に示されているように、短期の総供給曲線は右上がりの形状をしている。他の条件が一定である限り、物価水準が上昇すると総供給量は増加し、物価水準が下落すると総供給量は減少する。

・総需要曲線が常に右下がりであるのと違い、総供給曲線は短期と長期で形状が異なる。総供給曲線は短期においては右上がりであるが、長期においては垂直となる。本章では、短期の総供給曲線について考え、長期の総供給曲線については次章で取り上げる。

図7−2　短期の総供給曲線

① 短期の総供給曲線が右上がりになる理由

・短期の総供給曲線が右上がりになることを説明するものとしていくつかのモデルがあるが、ここではその中で最も単純なケインズの**硬直賃金モデル**を取り上げる。他のモデルについては「マクロ経済学」で学ぶだろう。

・硬直賃金モデルでは、いくつかの現実的要因によって名目賃金は短期では一定と仮定する。という

のは、名目賃金は一般に企業と労働者の間の交渉によって決まり、その契約は次回の契約まで変更されないからである。さらに、賃金の設定は社会的規範や公正の概念にも依存しているが、それらはゆっくりとしか変化しないからである。

・名目賃金Wが任意の水準で硬直的であるとき、物価水準Pが上昇すると実質賃金（W／P）が減少する。実質賃金の減少は労働費用の減少を意味するので、利潤を最大化しようとする企業は労働需要をそれゆえ雇用を増加させる。雇用の増加は財の生産量を増加させる。結局、物価水準Pの上昇は総供給ASを増加させる。短期総供給曲線が右上がりになる理由をまとめて図示すれば、以下のようになる。

$$P\uparrow \longrightarrow (W/P)\downarrow \longrightarrow 労働需要\uparrow（雇用\uparrow） \longrightarrow AS\uparrow$$

② 短期の総供給曲線のシフト

・経済におけるすべての財の総供給量は、物価水準だけでなく、物価水準以外の要因にも依存している。短期の右上がりの総供給曲線は、物価水準以外の要因を任意の水準で一定にして、物価水準のみが変化する場合の総供給量の同じ方向への変化を示している。物価水準以外の主な要因として硬直賃金モデルでは名目賃金がある。名目賃金が変化すると（異なる水準で一定であると）、任意の物価水準に対応する総供給量が変化するので、総供給曲線はシフトする（右方あるいは左方に位置している）。（図解略）以下では、名目賃金が短期を越えて伸縮的になった時の総供給曲線のシフトの例を挙げておこう。（このシフトの例は本章末のコラムで用いられる）

・財市場の超過供給に対応して労働市場も超過供給（失業）にあるような不況の場合、長期では企業と労働者の交渉によって決まる名目賃金Wは下方に調整され、任意の物価水準Pに対応する実質賃金（W／P）は減少する。実質賃金の減少は労働需要をそれゆえ雇用を増加させることによって財の生産量ASを増加させる。結局、名目賃金の減少は任意のPに対応するASを増加させるので、総供給曲線を右方にシフトさせる。

(4) マクロ経済の短期均衡

① 均衡物価水準と均衡所得の決定

・図7－1の総需要曲線と図7－2の短期の総供給曲線を重ね合わせたものが、図7－3で示されているAD－ASモデルである。図のE点はマクロ経済の短期均衡にあり、その点で均衡物価水準P^*と均衡所得（GDP）Y^*が決定される。

　もし現実の物価水準がP^*より上方のたとえばP_1にあるとき、総供給が総需要を上回り財市場は超過供給の状態にある。それゆえ、PがP_1からP^*の水準に向かって下落していき、その過程で総供給は減少し、総需要は増加するので、E点で総需給が均衡し、短期均衡が実現される。逆に、現実の物価水準がP^*より下方にあるために財市場が超過需要にある場合でも、同様に価格調整のメカニズムが働き、短期均衡が実現される。

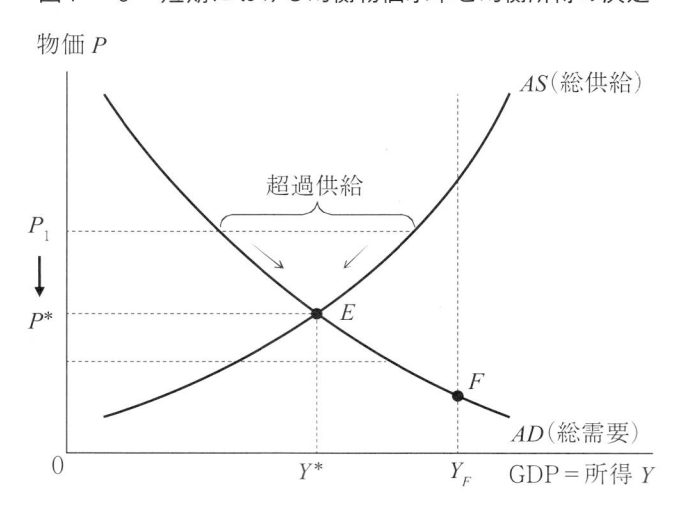

図 7 − 3　短期における均衡物価水準と均衡所得の決定

- 図におけるY_Fは、既存の生産技術の下で生産要素である労働と資本が完全雇用された場合に生み出される**完全雇用所得（GDP）**の水準を示している（これは、所与の技術の下で労働と資本の各存在量を投入して達成される生産可能な最大の生産量とは一般に異なることに注意しよう）。完全雇用所得（GDP）は次章で説明する長期均衡における所得（GDP）水準である。

　均衡所得Y^*が長期均衡における完全雇用所得Y_Fに一致する保証はなく、図 7 − 3 は、短期のマクロ経済が一般にY^*がY_Fより低い水準にある状態を示している。完全雇用所得Y_Fと均衡所得Y^*とのギャップ（$Y_F - Y^*$）を**GDPギャップ**と言い、これに対応して労働市場に失業が存在している。失業の理論についてはIX章で取り上げられる。

- マクロ経済がケインズ派の短期均衡点Eから次章で説明する新古典派の長期均衡点（図 7 − 3 における点F）へと移行していく過程については、「基礎マクロ経済学」では必ずしも必要ないので、「マクロ経済学」で学ぶことにしましょう。

② 総需要曲線のシフトの影響

- 本章の最後で、総需要曲線のシフトが短期均衡に与える影響についてみてみよう。総需要曲線のシフトの例の一つとして(2)節では政府の減税政策をとり上げたが、ここでは中央銀行の金融緩和政策をとり上げよう。金融政策の詳細については「マクロ経済学」や「金融論」で学ぶだろう。

　経済における名目の貨幣残高は**貨幣供給量**あるいは**マネーサプライ**とも呼ばれるが、中央銀行がその貨幣供給量をコントロールする政策を**金融政策**という。

- たとえば、中央銀行が金融市場で国債を買い入れ、その分だけ民間における貨幣供給量Mを増加させる金融緩和政策をとったとしよう。Mの増加は経済全体の貨幣需給を緩和させ、貨幣の貸し借りの際の料金に相当する利子率 i を低下させる。i の低下は企業の投資を増加させ、それゆえ総需要

を増加させる。このようにして、金融緩和政策は任意の物価水準に対する総需要を増加させるので、総需要曲線を右方にシフトさせる。一方総供給曲線は、その右上がりになる理由から明らかなようにMの変化の影響を直接受けないので、シフトしない。図7－4に示されているように、中央銀行の金融緩和政策は、短期における均衡物価水準と均衡所得（GDP）をともに増加させる。

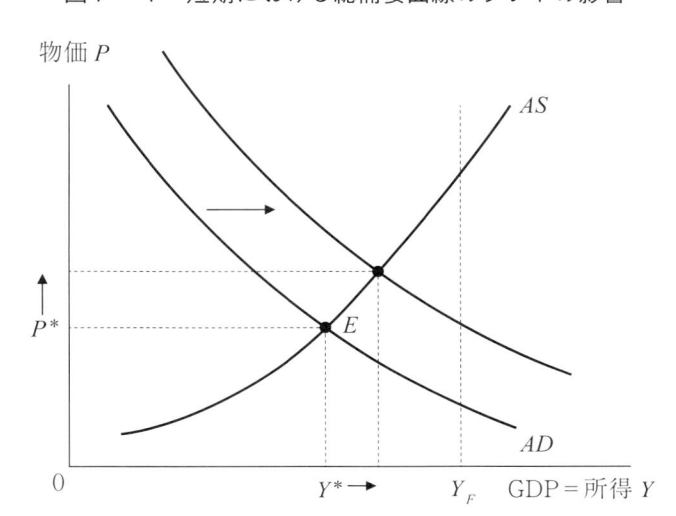

図7－4　短期における総需要曲線のシフトの影響

【コラム】90年代以降10数年にわたった日本経済の長期停滞

　日本経済は90年代に入ると10数年にわたって長期停滞に見舞われた。その期間中、実質GDPは伸びが止まり、ときにはデフレを伴って減少することさえあった。ここでデフレとはデフレーションのことであり、一般物価水準の持続的下落のことを言う。

　80年代後半に蔓延した株と土地のバブルは90年代に入ると崩壊し、株価と地価の暴落がもたらされた。株式と土地の資産価値が急減すると、人々は消費支出を減少させた。

　また、企業の資産価値の下落を伴うバブル崩壊のショックは、企業の将来への期待（予想）を大きく悪化させ、Ⅴ章(4)節図5－5でみたように日銀による超低金利政策や、本章図7－4で見た貨幣供給の増加策の効果を無効にしてしまうほど投資曲線を左方にシフトさせ、投資支出を減退させた。

　さらに、銀行はバブル期に株式と土地を担保にして争って多額の貸し付けを行ったが、資産価格の暴落は銀行の担保価値を減少させ、借り手の返済を滞らせることによって不良債権を増加させた。その結果銀行は、その資産価値の急減とあいまって、新規貸し出しの余力をなくして貸し渋るようになり、「信用危機」を引き起こした。この危機が企業の設備投資と人々の住宅投資の減退を一層深刻なものにした。

　このようにして、バブルの崩壊は任意の物価水準に対する総需要を大きく減少させ、AD曲線を大きく左方にシフトさせた。一方AS曲線は、(3)節②で述べたように（あるいは、それが右上がりになる理由からすぐ明らかなように）、企業と労働者の交渉によって決まる賃金Wが下方に調整されることによって、任意の物価水準に対する総供給が増加するために右方にシフトした。しかし、このシフトはAD曲線の左方へのシフトほど大きくなかったと考えてよい。その結果、物価水準の下落と実質GDP（所得）の減少がもたらされた。

　こうしたデフレを伴う実質GDPの落ち込みは、長期停滞期の中でも最も深刻な時期の経済状態か、あるいはバブル期と比較した長期停滞期における経済状態を表しているとみなすことができる。前者の最も深刻な時期における経済状態の例として、97年から98年における「金融危機」が挙げられる。この時期には、明治以来100年続いた老舗の大手証券や銀行が破産し、消滅した。もうひとつの例は01年における「ITバブルの崩壊」である。

　ついでに言えば、08年秋のアメリカ発金融危機をきっかけにした08－09年の先進国を中心にした世界的大不況では、日本経済は戦後初の2年連続してマイナス成長に陥った。特に09年1－3月期には、経済全体の一般物価指数であるGDPデフレータと実質GDP成長率がともに過去最大の落ち込みを示した。しかし、この期間における日本の大不況は先に述べたような株と土地バブルの崩壊とそれによる金融危機のためではなく、米欧の金融危機とそれに伴う大不況の結果、日本の輸出（海外需要）がつるべ落としのように急激かつ大幅に落ち込んだことに起因している。

第Ⅲ部　長期分析

Ⅷ　マクロ経済の長期均衡——新古典派のモデル

・前章までは、賃金・物価が硬直的あるいは可変的であっても十分に伸縮的ではない場合のケインズ派の短期理論について学んだ。本章では、賃金・物価がともに十分に伸縮的となる場合の新古典派の長期理論について学ぶ。これは、賃金・物価が完全に伸縮的となる長期では完全雇用均衡が達成されるとする新古典派の長期均衡モデルである。

(1) 長期の定義：再論

・Ⅲ章では長期を、総需給が完全雇用水準で均衡するようになるまで賃金・価格が十分に伸縮的である期間と定義したが、ここで改めてより厳密に定義しよう。新古典派の長期理論が対象とする長期とは、以下の2つの条件を満たす期間のことを言う。
  ① 賃金・価格が十分に伸縮的。
  ② 各生産要素の量（労働量と資本ストック）そしてそれらを投入して生産物を生み出す技術水準が、すべて所与。

上記の仮定にあてはまる期間は、数年例えば3年前後とみなしてよいだろう。一般にそれより長い期間は経済成長論の対象である超長期であり、「マクロ経済学」において学ぶことにする。

(2) 生産要素（労働と資本）市場の長期均衡

・図8−1は労働市場における長期均衡を示している。通常のマクロの労働市場モデルは、ミクロ理論における完全競争的労働市場モデルと基本的に同じである。労働の売り手である無数の労働者と労働の買い手である多数の企業が、同質な労働（サービス）を取引する市場である。労働市場における価格は、単に名目賃金ではなく実質賃金であることに注意しよう。

　　図における右下がりの L^D（労働需要）曲線は、各企業の右下がりの労働需要曲線を集計したものである。L^D 曲線が右下がりであることは、実質賃金が減少すれば労働費用が減少するので、（利潤を最大化する）各企業の労働需要が増加することから明らかである。右上がりの L^S（労働供給）曲線は、各労働者の右上がりの労働供給曲線を集計したものである。L^S 曲線は右上がりであるとは必ずしも限らないが、通常は実質賃金が上がれば各労働者の労働供給も増えると想定することが自然である。（この点についての詳細は「ミクロ経済学」や「労働経済学」において学ぶだろう）

・図の交点Fは労働市場における長期の完全雇用均衡点であり、その点で長期の均衡実質賃金 $(W/P)_F$ と完全雇用水準 L_F が決定される。F点が完全雇用均衡にあるのは、$(W/P)_F$ の下で労働者が

図8－1　労働市場における長期の完全雇用均衡

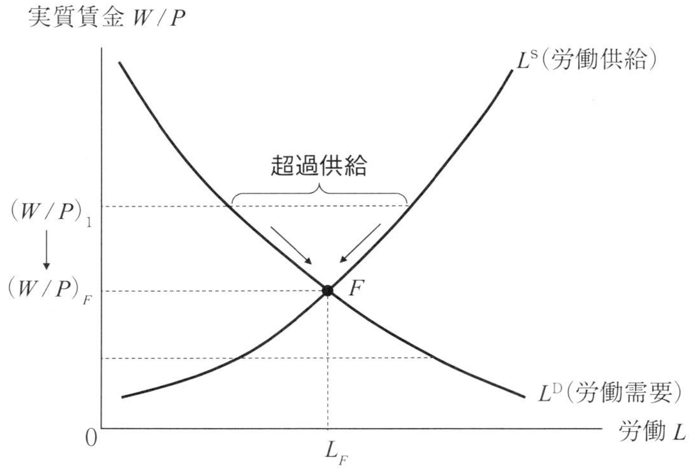

供給しようとする労働量 L_F がちょうど企業によって需要（雇用）されるからである。

　もし現実の実質賃金が $(W/P)_F$ より上方のたとえば $(W/P)_1$ にあるとき、労働供給が労働需要を上回り労働市場は超過供給の状態にある。それゆえ、労働市場の価格である実質賃金が完全に伸縮的となる長期では、W/P が $(W/P)_1$ から $(W/P)_F$ の水準に向かって下落していき、その過程で労働供給は減少し、労働需要は増加するので、F点で労働需給が均衡し、長期の完全雇用均衡が実現される。逆に、現実の実質賃金が $(W/P)_F$ より下方にあるために労働市場が超過需要にある場合でも、同様に完全な価格調整のメカニズムが働いて長期の完全雇用均衡が実現される。

・本章の最初で述べた長期を定義する第2の条件は、生産要素（労働と資本）の存在量とそれらを投入して生産物を生み出す技術水準が所与であるということであった。したがって、労働市場の長期均衡点Fは、与えられた生産要素の存在量と技術の下で決定される点である。それゆえ、完全雇用量 L_F は労働の存在量の範囲にある。

　資本市場についても労働市場と同様に考えることができるので、ここでは詳細は略すことにして、結論だけを述べておこう。資本市場の長期均衡点Fは、与えられた生産要素の存在量と技術の下で決定される点である。それゆえ、資本の完全雇用量 K_F は資本の存在量の範囲にある。

(3) 財市場の長期総供給曲線

・長期の労働市場と資本市場ではいずれも完全雇用均衡が成立し、労働の完全雇用水準 L_F と資本の完全雇用水準 K_F が実現される。それゆえ、長期の財市場における総供給は、所与の生産技術の下で L_F と K_F を投入して生み出される**完全雇用GDP（所得）**であり、これを Y_F で表す。Y_F は物価水準Pとは独立に一定である。それゆえ、任意の物価水準と総供給量との関係を表す財市場における**長期の総供給曲線** AS_L は、図8－2で示されるように完全雇用GDP（所得）Y_F の水準で垂直になる。これは短期の総供給曲線が右上がりであることと決定的に異なる。

図8-2　長期総供給曲線

(4) 財市場の長期均衡

① 長期の完全雇用均衡

・総需要曲線と図8-2の長期総供給曲線を重ね合わせたものが、図8-3で示される長期の財市場における**完全雇用均衡モデル**である。総需要曲線が右下がりであることは、長期においても短期と同様である。図の交点Fは、財市場の長期均衡が完全雇用水準において達成され、その点で長期における均衡物価水準P_Fと**完全雇用GDP（所得）**Y_Fが決定されることを示している。

　価格と賃金が十分に伸縮的となる長期において経済が収束する状態（定常状態）における<u>完全雇用GDPは、また**自然率生産量**とも呼ばれる</u>。「自然率」の概念とその仮説についての詳細は、「マクロ経済学」で学ぶだろう。

　もし現実の物価水準がP_Fと乖離し総需給の不均衡が生じても、長期においては価格が十分に伸縮的なので物価はP_Fの水準まで調整され、結局F点において長期の完全雇用均衡が実現される。

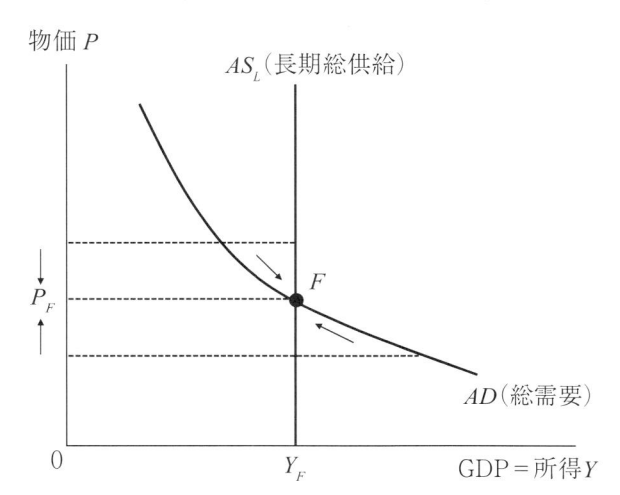

図8-3　長期の財市場における完全雇用均衡

② 総需要曲線のシフトの影響

・本章の最後でも、総需要曲線のシフトが長期均衡に与える影響についてみてみよう。前章(4)節では、中央銀行が貨幣供給量を増加させる金融緩和政策をとり上げたが、ここでも同じ政策をとり上げ、短期と長期における同政策の影響について比較してみよう。

・前章(4)節でみたように、金融緩和政策は総需要曲線を右方にシフトさせるが、ここでの長期総供給曲線はシフトさせない。その結果、図8－4で示されるように、長期においては、金融緩和政策は均衡物価水準のみを上昇させ、均衡GDP（所得）は完全雇用水準（あるいは自然率水準）Y_Fのままで不変にとどまる。このように、長期では貨幣供給量の変化が物価水準のみを変化させ、生産量や雇用量など実質の諸変数には影響を与えないことを**貨幣の中立性**という。

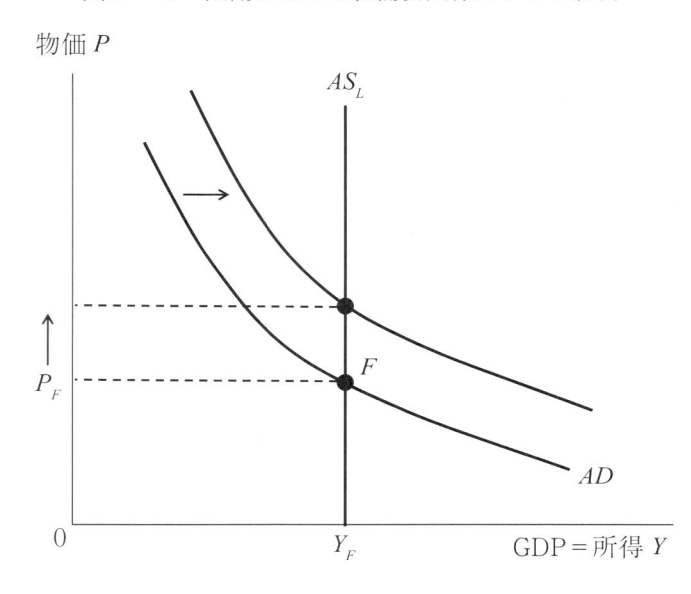

図8－4　長期における総需要曲線のシフト影響

【コラム】**マクロ経済における価格メカニズムについて**

　このコラムでは、現実の経済への観察を通じて本章で説明された理論の妥当性について検討する。これは理論と現実の相互交渉の一環である。

　I章(1)節のマクロ経済学の意義において強調したように、ミクロ理論では、**価格メカニズム**（ないし**市場メカニズム**）が成立している。即ち、完全競争的市場経済では、すべての価格と賃金が伸縮的である限り、すべての財市場と労働市場において需給が均衡し（市場均衡）、同時にすべての財と労働の最適配分が実現されている（市場の効率性）。マクロ理論である本章の図8－3と図8－1においても、長期における価格メカニズムが働いて、それぞれ完全雇用水準において財市場と労働市場の長期均衡が実現している。このコラムで論ずる問題は、ミクロ理論で成り立つ価格メカニズムが、果たしてこのようにマクロ理論においても成り立つのかどうかという点で

ある。価格メカニズムはマクロ経済の特にデフレの下では働かないのではないかという問題について、以下では（理論的分析を一切省いて）実証的根拠にもとづいた（現実のデータにもとづいた）検討のみに限定して述べてみよう。

①もし図8－3と図8－1の新古典派長期均衡モデルが妥当であるとすれば、日本経済はなぜ90年代以降10数年にもわたって高失業を抱えたまま長期停滞したのだろうか。この理論に従えば、バブルの崩壊とそれによる金融危機で経済が深刻な不況に直面しても、即ち財と労働の双方の市場において大幅な超過供給が発生しても、その影響は一時的にすぎない。数年もたてば価格と実質賃金の下落を通じた景気回復により、つまりGDP（所得）と雇用の増加により自動的に完全雇用均衡（図8－3と図8－1のF点）が実現されることになる。

ところが、（酒類以外の食料とエネルギーを除く）消費者物価指数が下落を始める98年以降をみると、同物価指数は08年を除いてほぼ現在まで下落を続け、経済全体の一般物価指数にあたるGDPデフレータは、現在までほぼ一貫して下落し続けている（図1参照）。にもかかわらず、GDPギャップは（07年を除けば）98年以降現在まで存続し続け、その間日本経済が新古典派のいう長期均衡に至ることはなかった（図2参照）。上記の消費者物価指数やGDPデフレータが下落を続けているのは先進国の中でも日本だけであるが、GDPギャップが存続を続けているのは日本だけではない。08年秋のアメリカ発金融危機に端を発した先進国を中心にした世界的大不況とその後の経済停滞においても、GDPギャップは12年末の現在に至るまで存続し続けており、アメリカを中心にした先進国経済が未だに新古典派の言う長期均衡には至っていないありさまである。

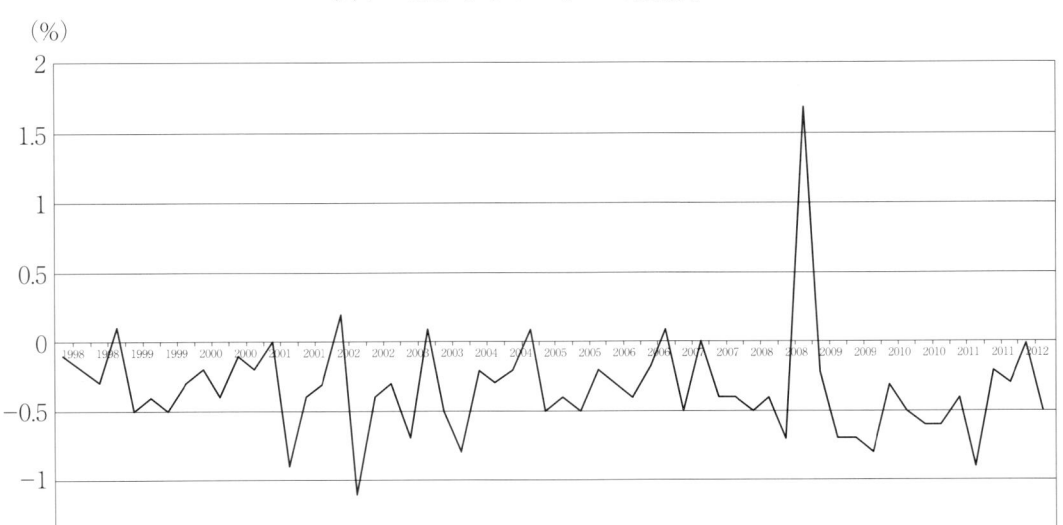

図1　GDPデフレーターの変化率

（出典）内閣府　四半期デフレータ季節調整系列（前期比）

図2　GDPギャップの推移

内閣府、経済財政政策関係公表資料、今週の指標、No.1040の図1を一部改編

②さらに言えば、98年から02年頃までの日本では何度か「デフレ・スパイラル」という言葉が流布し、デフレと不況の悪循環が懸念された。ここでデフレ（正式にはデフレーション）とは、一般物価水準が持続的に下落する現象のことをいう。一般物価水準の下落は企業の業績（売り上げや利益）を落ち込ませ、それが賃金や雇用を抑制して、家計の消費需要を減退させる。同時に企業業績の悪化は設備投資を抑制し、家計は住宅投資を抑制して、全体の投資需要を減退させる。さらに、不振企業や個人が借金を返済できなくなると、銀行は不良債権の増加を嫌って新規貸し出しを渋るようになり、金融面からも投資と消費需要の減少に拍車をかけることになる。このようにして経済は、デフレが総需要を減退させて不況を一層深刻にし、それがまたデフレを進行させるという悪循環に陥るのである。この現実も、先に説明した新古典派長期理論の教えるところと全く逆である。代表的ケインズ派の一人でノーベル経済学賞の受賞者である故ジェームズ・トービン教授は、新古典派の言う長期均衡を「永遠に行き着かない場所」と呼んだ（吉川（2001））。このことはまだ理論的に証明されていなくとも、その経済学的センスは的確であるといわなければならない。

　もし価格メカニズムがマクロ経済の特にデフレの下では働かないとすれば、それは新しい「市場の失敗」になるのではないだろうか。市場の失敗は何もミクロ理論における市場支配力や外部効果そして公共財の場合だけではなく、マクロ経済においても生じうるのではないだろうか。そして、ケインズ派が主張する財政・金融政策を通じた政府による介入と規制は、マクロ経済における市場の失敗に対する対策であるとみなすことができるだろう。「規制なき市場経済はない」「規制による支えなしには市場はうまく働かない」とは、それまでの「市場万能主義」に対するアメリカの指導的経済学者の批判と反省の言葉であるが、これらは市場の失敗に関する上記の指摘が妥当であることを示唆している。

第Ⅳ部　失業と労働市場

Ⅸ　失業の理論

- 最後の章で、これまで直接には取り上げてこなかった失業をめぐる労働市場の理論を取り上げ、この講義ノートを締めくくることにしよう。以下で取り上げられる失業は、いくつかある失業の中で最も重要かつ現実的な非自発的失業と摩擦的失業である。後で述べるように、前者の失業の原因は実質賃金の硬直性に求められるが、この点についてはコラムで再検討される。後者の失業の原因は職探しに伴う困難である。

(1) **短期における非自発的失業**

- Ⅶ章(4)節の図7－3における短期の財市場では、AS曲線の背後にある、企業と労働者の間の交渉によって決まる名目賃金が任意の所与の水準たとえば W_a にあるとき、物価水準は P^* に決定され、名目賃金も物価水準もそれ以上下方には調整されなかった。賃金、価格が短期では十分には伸縮的ではない（粘着的である）ゆえんである。このとき、均衡所得水準 Y^* は完全雇用所得水準 Y_F より低く、それに対応して短期の労働市場に失業が存在している。この状況が、図9－1で示された労働市場における短期の不均衡のケースである。実質賃金は均衡水準 $(W/P)_F$ より高い W_a/P^* の水準にあり、それ以上下方には調整されず硬直的である。実質賃金が短期では十分に伸縮的ではない（粘着的である）ゆえんである。現行の実質賃金が W_a/P^* の水準で硬直的であるとき、労働はＡＢだけ超過供給にあるので、現実の雇用水準は需給の小さい方である L^* に決まる。この L^* と L_F との差 (L_F-L^*) は、図7－3における Y^* と Y_F との差であるGDPギャップ (Y_F-Y^*) に対応している。

- 労働の超過供給ABは、労働者が W_a/P^* の実質賃金の下で働く意思があるにもかかわらず生じる失業である。このように、現行の実質賃金の下で働く意思があるにもかかわらず、需要の不足のために生じる失業を**非自発的失業**という。非自発的失業は実質賃金が硬直的（あるいは粘着的）であるために生じる。

- ところで、実質賃金が均衡水準より上方のたとえば W_a/P^* の水準で硬直的であることは、交渉によって決まる名目賃金 W_a が所与であるという仮定にもとづいている。しかし、実質賃金が硬直的であることを仮定するのではなく、なぜ実質賃金は硬直的なのかそれ自体を（理論的に）説明することが、失業理論として望ましいことは明らかである。実際、実質賃金の硬直性をもし仮定しなければ、図9－1のモデルでは、実質賃金は必ず均衡水準に調整され、自動的に完全雇用が実現され

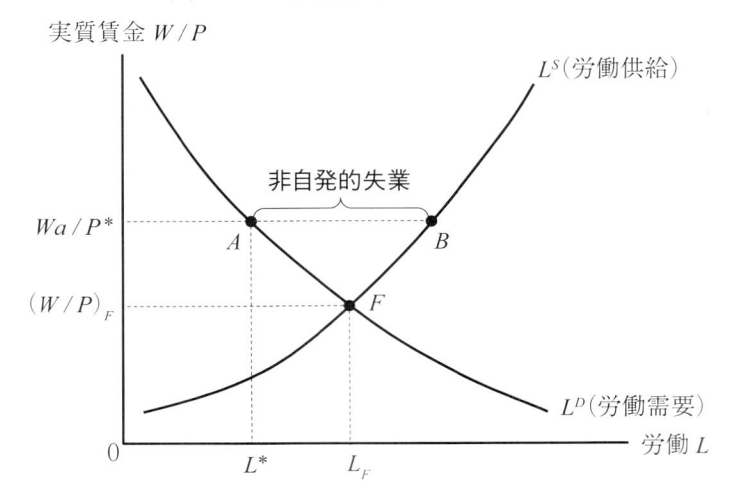

図9-1　労働市場における短期の不均衡

[図：縦軸に実質賃金 W/P、横軸に労働 L。右上がりの L^S（労働供給）曲線と右下がりの L^D（労働需要）曲線。均衡点 F は $(L_F, (W/P)_F)$。賃金水準 Wa/P^* において点 A（L^*）と点 B が示され、A と B の間が「非自発的失業」]

てしまう。言い換えれば、完全競争的労働市場モデルは非自発的失業の存在を一時的に説明できても、それを真に説明することはできないのである。これは伝統的ケインズ派の大きな弱点であると同時に限界といえるだろう。

・そこで、実質賃金はなぜ硬直的なのか、それ自体を全く別の異なるモデルで説明しょうとする理論が、80年代半ば以降に登場した新しいケインズ派（ニューケインジアン）の失業理論である。新しいケインズ派の失業理論は、企業と労働者の最適化行動（利潤最大化と効用最大化）の分析にもとづいて、伝統的なケインズ派の失業理論をミクロ理論的に基礎づけようするものである。その主要なものとして、効率賃金理論とインサイダー・アウトサイダーの理論がある。

・効率賃金理論は、高い実質賃金が労働者の生産性を高めると考える。もしそうであれば労働が超過供給にあるときでも企業は賃金を引き下げないかもしれない。というのは、もし賃金を引き下げれば労働コストを削減できても、他方で労働者の生産性低下による収入の減少が大きければ、利潤も減少してしまうからである。実質賃金が労働生産性にどう影響するかに応じて、効率賃金理論にはいくつかの仮説があるが、詳細は「マクロ経済学」において学ぶだろう。

・インサイダー・アウトサイダーの理論は、要するに労働組合の独占的交渉力を考慮に入れたものである。インサイダーである組合労働者の賃金は、市場の需給均衡ではなく、組合の指導者と経営者の間の団体交渉によって決まるので、実質賃金は市場の均衡水準を上回る水準で硬直的になる。

・伝統的ケインズ派と新しいケインズ派にとって、非自発的失業に対する対策は財政・金融政策を通じて総需要を、それゆえそこから派生される労働需要を増加させることである。これを、図9-1を用いて説明すれば以下の通りである。L^D（労働需要）は一般には実質賃金だけでなく、それ以

外の要因にも依存している。それ以外の要因は任意の水準で一定と仮定されるが、その典型として景気の状態言い換えれば総需要の水準がある。当局が財政・金融政策によって総需要を増加させれば、任意の実質賃金に対する労働需要も増加するので、L^D曲線はそれだけ右方にシフトする。その結果、現行の実質賃金たとえば（W_a/P^*）の下での非自発的失業はABより縮小することになる。

(2) **摩擦的失業**

- 図9－1の労働市場における短期の不均衡においても、図8－1の長期の完全雇用均衡においても、労働と仕事はそれぞれ同質であるが、雇用に関する情報が完全であることや労働移動に伴う制約が存在しないことが暗黙に仮定された。

  しかし実際には、労働者と仕事はそれぞれ異質であり、労働者は好みも能力も違う一方、仕事は異なる特徴をもっている。したがって、労働者は自分の希望する仕事がどこにあるのかわからず、職探しをしなければならない。また、労働者が地理的にあるいは職種間・産業間を移動することは明らかに制約される。このように雇用に関する情報の不完全性や労働移動の制約のために、求人と求職者のマッチング（適合）に時間がかかる職探しの過程において生じる失業を**摩擦的失業**という。

- 摩擦的失業はその性格上、長期の完全雇用均衡においても存在する。特に短期では、非自発的失業と同様に、総需要がそれゆえ労働需要が減少すれば摩擦的失業は増加することが、摩擦的失業を説明する**サーチとマッチングの理論**から知られている。これは、労働需要が減少するほど、上述のような職探しに伴う困難が増大するからである。それゆえ、摩擦的失業は非自発的失業と無関係ではないが、両者を実証的に（現実のデータで）区別することは困難である。時折、経済全体の失業率の内訳を摩擦的失業率と非自発的失業率に分け、前者の失業率が圧倒的に大きなウエイトを占めることを強調した調査データが見受けられるが、信頼性に問題があるように思われる。

- 摩擦的失業に対する対策は、雇用に関する情報の不完全性を改善し、労働移動を促進させることである。そのために、公共職業安定所（ハローワーク）や民間の人材バンクは、求人と求職者のマッチングを促進するための情報を広く流している。また、ハローワークその他の政府系機関や民間会社による各種の職業再訓練は、労働移動を促進するための対策の一つである。

【コラム】非自発的失業の原因について

　Ⅷ章のコラムでは、(理論的分析を一切省き) 実証的検討のみに限定されたが、価格メカニズムはマクロ経済の特にデフレの下では働かないのではないかという問題を提起した。この疑問がもし妥当であるとすれば、労働市場における非自発的失業の原因は実質賃金という価格面にあるのではなく、労働需要という数量面にあると考える方が自然である。つまり、失業の原因はニューケインジアンが言うように実質賃金の硬直性にあるのではなく、ケインズが言うように実質の総需要のそれゆえ (そこから派生される) 労働需要の不足にあるのではないか、と考えることである。これは、以下で説明されるように、図9−1の完全競争的労働市場モデルから十分に推測できる。もっとも本論で指摘したように、競争的労働市場モデルでは非自発的失業を真に説明することはできないが、失業の原因に関する上記の主張を示唆するに十分である。

　ニューケインジアンは、(全く異なるモデルにもとづいて) 実質賃金が図9−1における均衡水準より高い任意の水準たとえば (W_a/P^*) に硬直的に決まり、そのために非自発的失業が存在することを説明する。ところが、本章(1)節の最後で述べたように、L^D (労働需要) 曲線は景気の状態、言い換えれば総需要の水準に応じてシフトする (右方あるいは左方に位置している)。総需要が大きいほど、L^D 曲線はそれだけ右方に位置しており、現行の実質賃金 (W_a/P^*) の下での失業は AB よりそれだけ少なくなる。逆に総需要が小さいほど、L^D 曲線はそれだけ左方に位置しており、現行の実質賃金の下での失業は AB よりそれだけ多くなる。これは、失業の原因が実質賃金の硬直性にあるのではなく、総需要のそれゆえ労働需要の不足にあることを示唆している。この示唆は自然で無理がなく、人の直観に訴えるものがある。

　しかしながら、この示唆は推測にすぎず、先に述べたように厳密な理論的説明にはなっていない。「非自発的失業の原因は需要の不足にある」というケインズの命題は、経済政策の現場では支持されても、経済学において十分には支持されていない。ケインズは『一般理論』において「有効需要の原理」の含意としてこの命題を主張したが、その経済学的センスは抜群でも、それを理論的に確立することはできなかった。残念ながら、後を受け継いだ伝統的なケインジアンもニューケインジアンも同様である。それどころか、80年代以降、完全な価格メカニズムを信奉する新古典派マクロ経済学が主流を占め、それにもとづく「市場万能主義」が支配的となる。そしてその主義が、先進国を中心にした08−09年の世界的大不況のもとになるアメリカ発金融危機の主因の一つであった。「市場は衝撃を吸収できるはず」「市場は自然に落ち着くはず」「市場がすべてを調整してくれる」とは、アメリカの金融危機の下での市場万能主義者の言葉である。

　前章と本章のコラムで述べたように、現実の経済への観察と既存の理論への懐疑から、現代マクロ経済学が価格メカニズムと失業を核にして、遠からず変革期を迎えるであろうことが予感される。

(完)

【著者紹介】

河合　榮三（かわい　えいぞう）

1946年　兵庫県生まれ。
1969年　神戸商科大学（現兵庫県立大学）商経学部卒業。
　　　　銀行勤務を経て、一橋大学大学院に進学。
1979年　一橋大学大学院経済学研究科博士課程単位取得。
　　　　同大学院助手を経て、流通経済大学経済学部に赴任。
　　　　シカゴ大学客員研究員を経て、
現　在　流通経済大学経済学部教授。

主要論文

'Re-examination of Modern Macroeconomics: A Challenge to Prevailing Theories of Price Mechanism and Unemployment.' Discussion paper (2013).

'Re-examination of Wage, Employment, and Hours Adjustments: What is Crucial for Differences in the Adjustments?' *Japan and the World Economy*, (13) 4 (2001).

'The Short-run Employment, Hours, and Capital Utilization of the Competitive Firm with Price Uncertainty.' *Japan and the World Economy*, (3) 3 (1991).

基礎ミクロ・マクロ経済学講義ノート

発行日　2013年3月28日　初版発行
著　者　河　合　榮　三
発行者　佐　伯　弘　治
発行所　流通経済大学出版会
　　　　〒301-8555　茨城県龍ヶ崎市120
　　　　電話　0297-64-0001　FAX　0297-64-0011

ⓒEizo Kawai 2013

Printed in Japan/アベル社

ISBN 978-4-947553-58-4 C3033 ¥900E